AF178599

Jeden Tag ein bisschen ...
Russisch

Block mit 99 Sprachspielen, Rätseln und mehr

Andrea Steinbach

Cornelsen

Jeden Tag ein bisschen …
Russisch
von Andrea Steinbach

Redaktion: Olha Flath, Rebecca Syme
Redaktionelle Mitarbeit: Sophie Eulenfeld, Franziska Pannhorst
Projektleitung: Sinéad Butler
Layout und technische Umsetzung: Stefan Müssigbrodt, Berlin
Umschlaggestaltung: Cornelsen Schulverlage Design / Klein & Halm Grafikdesign, Berlin
Umschlagfoto: JUNOPHOTO, Berlin
Fotos: 123 (RF): Tag 8, Vivian Seefeld; dreamstime (RF): Tag 57, Uwe Mayer (Serviette);
Fotolia (RF): Tag 39, yellowj (Tomaten); Tag 57, Patrick Bombaert (Besteck), angelo.gi
(Teller), Tag 74, liquidimage (1), (2), Tag 85, Petra Feketa; iStockphoto (RF): Umschlag,
cislander, JackQ, Tag 57, RuthBlack (Glas), Tag 74, CostinT (5), sx70 (6); Panthermedia (RF):
Tag 74, index2.php (4); Shutterstock (RF): Umschlag, Mirumur, Tag 39, JetKat (Paprika),
Peter Zijlstra (Zucchini), Yasonya (Mais), Tag 74, Mircea Maties (3)
Illustrationen: Christian Bartz, Gabriele Heinisch, Laurent Lalo

Weitere Russischtitel bei Lextra:
978-3-589-02016-4 Lextra Sprachkurs Plus Russisch
978-3-589-01830-7 Lextra Grund- und Aufbauwortschatz Russisch
978-3-589-01927-4 Lextra Kompaktgrammatik Russisch

www.cornelsen.de
www.lextra.de

Die Webseiten Dritter, deren Internetadressen in diesem Lehrwerk angegeben sind,
wurden vor Drucklegung sorgfältig geprüft. Der Verlag übernimmt keine Gewähr für
die Aktualität und den Inhalt dieser Seiten oder solcher, die mit ihnen verlinkt sind.

1. Auflage, 6. Druck 2024

Alle Drucke dieser Auflage sind inhaltlich unverändert
und können im Unterricht nebeneinander verwendet werden.

Druck: H. Heenemann, Berlin

ISBN 978-3-589-01001-1

Herzlich Willkommen!

Mit diesem Block haben Sie die Möglichkeit, 99 Tage lang nebenbei und spielerisch Ihre verschütteten Kenntnisse der russischen Sprache wieder aufzufrischen oder kürzlich Gelerntes zu festigen.

Auf jeder der 99 Seiten gibt es Interessantes zu lesen oder Sprachspiele zu bearbeiten. Durch das bequeme Blockformat können Sie für den Urlaub oder den Weg zur Arbeit entweder alles mitnehmen oder einfach nur die gewünschte Anzahl von Blättern abreißen und einstecken.

Die 99 Tage bestehen analog zu einer Woche aus Einheiten mit je sieben Tagen. Vom ersten bis zum fünften Tag jeder Woche lösen Sie Kreuzworträtsel, bauen Ihren Wortschatz aus oder üben Strukturen. Blättern Sie um und nehmen Sie sich kurz Zeit Ihren Kenntnisstand zu prüfen. Was haben Sie schon richtig gemacht, was möchten Sie lieber noch mal wiederholen?

Am sechsten Tag resümieren Sie die vorangegangenen Tage mit einem kleinen Test – und am siebten Tag können Sie zur Erholung Interessantes und Nützliches über Land und Leute in Erfahrung bringen. Im Anhang finden Sie zum Nachschlagen eine Zusammenstellung der wichtigsten Redewendungen.

Lerntempo und -menge bestimmen Sie über den gesamten Zeitraum selbst – aber Vorsicht: Sprachspiele können süchtig machen! Wir wünschen Ihnen viel Spaß beim Russischlernen mit *Jeden Tag ein bisschen ...!*

Autoren und Redaktion

A. Welche Tage verbergen sich hier? Ein Tag fehlt. Welcher?

1 пньнлекдеио: _____

2 инцятпа: _____

3 тркнвои: _____

4 буаосбт: _____

5 радсе: _____

6 тречевг: _____

Fehlender Tag: _____

B. Die vier Jahreszeiten: Ordnen Sie die Monatsnamen den Jahreszeiten zu.

сентя́брь – ию́нь – февра́ль – март – апре́ль – ию́ль –
октя́брь – дека́брь – а́вгуст – май – ноя́брь – янва́рь

весна́: _____ _____ _____

ле́то: _____ _____ _____

о́сень: _____ _____ _____

зима́: _____ _____ _____

➜ Auflösung
Siehe nächste Seite

TAG 01

Auflösung:

A. 1 понеде́льник

2 пя́тница

3 вто́рник

4 суббо́та

5 среда́

6 четве́рг

Fehlender Tag: воскресе́нье

B. весна́: март, апре́ль, май

ле́то: ию́нь, ию́ль, а́вгуст

о́сень: сентя́брь, октя́брь, ноя́брь

зима́: дека́брь, янва́рь, февра́ль

Erfolgs-Check

Übung absolviert am:	fiel mir leicht ↓	möchte ich wiederholen ↓
....	☐	☐
....	☐	☐
....	☐	☐

A. Ordnen Sie die Länder den Nationalitätenbezeichnungen zu.

1	Герма́ния	**a**	италья́нский
2	Фра́нция	**b**	неме́цкий
3	А́нглия	**c**	францу́зский
4	Росси́я	**d**	испа́нский
5	Аме́рика	**e**	австри́йский
6	Испа́ния	**f**	америка́нский
7	Ита́лия	**g**	ру́сский
8	А́встрия	**h**	англи́йский

B. Sind diese Angehörigen der oben genannten Nationen männlich oder weiblich? Ordnen Sie zu.

италья́нец – не́мец – францу́женка – испа́нка – ру́сский – англича́нка – англича́нин – испа́нец – австри́йка – не́мка – италья́нка – францу́з – америка́нка – ру́сская – америка́нец – австри́ец

Männlich	**Weiblich**

➡ *Auflösung
Siehe nächste Seite*

TAG 02

Auflösung:

A. 1 b – 2 c – 3 h – 4 g – 5 f – 6 d – 7 a – 8 e

B. **Männlich:** италья́нец, не́мец, ру́сский, англича́нин, испа́нец, францу́з, америка́нец, австри́ец

Weiblich: францу́женка, испа́нка, англича́нка, австри́йка, не́мка, италья́нка, америка́нка, ру́сская

Erfolgs-Check

Übung absolviert am:

	fiel mir leicht ↓	möchte ich wiederholen ↓
-------------------------	☐	☐
-------------------------	☐	☐
-------------------------	☐	☐

Welche Pluralendung gehört zu welchem Wort? Ordnen Sie zu.

кило́ – стул – дом – ко́фе – шо́у – окно́ – страна́ – судо́ку – мо́ре –
учи́тель – бло́ко – бюро́ – це́рковь – вре́мя – зада́ние – го́род – письмо́ –
по́езд – такси́ – и́мя – музе́й – дя́дя – меню́ – метро́ – друг – брат –
де́рево – ви́за – сто́л – друг – фами́лия – кака́о – авто́бус – семья́ – а́дрес

Pluralendung	Beispielwörter
-ы	
-и	
-а	
-я	
-ья	
-ена	
keine Endung	

*Auflösung
Siehe nächste Seite*

TAG 03

Auflösung:

-ы: ви́за, авто́бус, страна́, сто́л

-и: фами́лия, музе́й, дя́дя, я́блоко, це́рковь, семья́

-а: го́род, дом, письмо́, окно́, а́дрес, по́езд

-я: мо́ре, зада́ние, учи́тель

-ья: друг, брат, стул, де́рево

-ена: и́мя, вре́мя

keine Endung: кака́о, кило́, ко́фе, такси́, меню́, метро́, шо́у, судо́ку, бюро́

Erfolgs-Check

Übersetzen Sie die deutschen Wörter. Füllen Sie anschließend das Formular mit Ihren persönlichen Daten auf Russisch aus.

Deutsch	Russisch	Ihre persönlichen Angaben
Vorname		
Vatersname		
Nachname		
Geschlecht (männlich/weiblich)		
Geburtsdatum		
Geburtsort		
Staatsangehörigkeit		
Straße / Nr.		
Stadt		
Postleitzahl		
Land		
Telefonnummer		
Handynummer		
E-Mail-Adresse		

→ *Auflösung*
Siehe nächste Seite

TAG 04

Auflösung:

Vorname: и́мя

Vatersname: о́тчество

Nachname: фами́лия

Geschlecht: пол (мужско́й/же́нский)

Geburtsdatum: да́та рожде́ния

Geburtsort: ме́сто рожде́ния

Staatsangehörigkeit: гражда́нство

Straße/Nr.: у́лица / но́мер до́ма

Stadt: го́род

Postleitzahl: почто́вый и́ндекс

Land: страна́

Telefonnummer: но́мер телефо́на

Handynummer: но́мер моби́льного телефо́на

E-Mail-Adresse: а́дрес электро́нной по́чты

Erfolgs-Check ✏

	fiel mir leicht	möchte ich wiederholen
Übung absolviert am:	↓	↓
-----------------------------------	☐	☐
-----------------------------------	☐	☐
-----------------------------------	☐	☐

A. Finden Sie die feststehenden Ausdrücke zu den beschriebenen Situationen.

Ни пу́ха ни пера! – Будь здоро́в(а)! – Уда́чи! – Прости́те, пожа́луйста. –
Выздора́вливай! – Прия́тного аппети́та! – Не́ за что! – Успе́хов! –
Ничего́ стра́шного! – Ку́шай на здоро́вье!

1 Ihr Gegenüber niest. Sie sagen:

_____

2 Sie wollen jemandem einen guten Appetit wünschen. Was sagen Sie? (2×)

_____

3 Sie haben jemandem gerade den Weg erklärt.
Er bedankt sich und Sie erwidern:

_____

4 Sie wünschen jemandem viel Glück:

_____

5 Sie wünschen jemandem viel Erfolg:

_____

6 Sie sind in der Metro einem Unbekannten auf die Füße getreten
und wollen sich entschuldigen:

_____

7 Ihr Gegenüber erklärt daraufhin, dass nichts Tragisches passiert ist:

_____

8 Sie wollen jemandem gute Besserung wünschen:

_____

➜ *Auflösung
Siehe nächste Seite*

TAG 05

Auflösung:

A. **1** Будь здоро́в(а)!

2 Прия́тного аппети́та!,
Ку́шай на здоро́вье!

3 Не́ за что!

4 Уда́чи!

5 Успе́хов!

6 Прости́те, пожа́луйста.

7 Ничего́ стра́шного!

8 Выздора́вливай!

Erfolgs-Check

	fiel mir leicht	möchte ich wiederholen
Übung absolviert am:	↓	↓
-----------------------------------	☐	☐
-----------------------------------	☐	☐
-----------------------------------	☐	☐

Was haben Sie diese Woche geübt? Testen Sie sich!

1 Wie schreibt man *Sonntag* richtig?

   a воскресе́нье

   b воськресе́не

   c воскрьесе́не

2 Welcher Staat gehört nicht zur EU?

   a А́встрия

   b США

   c А́нглия

3 Bilden Sie den Plural von:

   a го́род   _____

   b бюро́   _____

   c брат   _____

4 Welche der folgenden Angaben benötigen Sie nicht, wenn Sie einen Briefumschlag beschriften?

   a почто́вый и́ндекс

   b гражда́нство

   c фами́лия

5 Welche der folgenden Äußerungen ist zu Beginn eines Essens unpassend?

   a Прия́тного аппети́та!

   b Уда́чи!

   c Ку́шай на здоро́вье!

 *Auflösung*
Siehe nächste Seite

TAG 06

Auflösung:

1 a – 2 b –
3 a города́ b бюро́ c бра́тья –
4 b – 5 b

Erfolgs-Check

Übung absolviert am:

	fiel mir leicht ↓	möchte ich wiederholen ↓
....	☐	☐
....	☐	☐
....	☐	☐

Russische Gastfreundschaft

Russische Gastfreundschaft genießt zu Recht einen guten Ruf. Russen lieben es, zum Essen einzuladen und ihre Gäste zu verwöhnen. Lehnen Sie eine solche Ehre nicht ab. Wird man eingeladen, sind Gastgeschenke ein Muss. Generell gelten für die Auswahl von Gastgeschenken ähnliche Regeln wie in Deutschland. Vorsicht ist allerdings bei Blumen geboten. Man verschenkt nur eine ungerade Anzahl; die gerade Anzahl ist für Beerdigungen vorgesehen. Auch die Farbe der Blumen ist zu berücksichtigen. Gelb gilt z. B. als Farbe der Eifersucht. Eine Konfektpackung oder der mitgebrachte Wein werden oft sofort vom Gastgeber geöffnet und zum gemeinsamen Verzehr auf den Tisch gestellt.

Mit Handschlag begrüßen sich meist nur Männer. Dabei müssen Sie darauf achten, dass Sie die Hand des Gegenübers nicht über der Türschwelle schütteln – das würde Unglück bringen. In der Wohnung ziehen Gäste ihre Schuhe immer aus. Meist werden Hausschuhe (**тáпочки**) zur Verfügung gestellt.

Bei einer Einladung bekommt der Gast oft ein opulentes, aus mehreren Gängen bestehendes Mahl aufgetischt. Schließlich sagt man in Russland: **„За пустóй стол гостéй не сажáют."** („Man darf die Gäste nicht zu einem leeren Tisch einladen."). Essen Sie also vorher auf keinen Fall zu Hause! Es wird erwartet, dass Sie als Gast zumindest von allem einmal probieren.

A. Vervollständigen Sie die Sätze mit dem Personalpronomen im richtigen Fall.

1 Как _____ (он) зову́т?

2 Жди _____ (я)!

3 Я _____ (ты) люблю́.

4 Ско́лько _____ (она́) лет?

5 Пойдёмте с _____ (мы) в рестора́н!

6 У _____ (они́) но́вый планше́т.

7 Ва́ня хо́чет гуля́ть с _____ (ты).

8 Я уже́ мно́го о _____ (вы) слы́шала.

9 Почтальо́н принёс _____ (ты) огро́мную посы́лку.

10 Лю́ди чита́ют то, что _____ (они) интере́сно.

B. Übersetzen Sie die folgenden Sätze.

1 Ich gratuliere euch.

_____

2 Ihr tut der Hals weh.

_____

3 Entschuldigen Sie, ich verstehe Sie nicht.

_____

4 Er wird bald 40 Jahre alt.

_____

→ *Auflösung*
Siehe nächste Seite

TAG 08

Auflösung:

A. **1** его́ – **2** меня́ – **3** тебя́ – **4** ей –
5 на́ми – **6** них – **7** тобо́й – **8** вас –
9 тебе́ – **10** им

B. **1** Я поздравля́ю вас.
2 У неё боли́т го́рло.
3 Прости́те, я Вас не понима́ю.
4 Ему́ ско́ро бу́дет 40 лет.

Erfolgs-Check

Übung absolviert am:

	fiel mir leicht ↓	möchte ich wiederholen ↓
....	☐	☐
....	☐	☐
....	☐	☐

A. Finden Sie die zwölf Verkehrsmittel.

Л	И	М	А	Р	Ш	Р	У	Т	К	А	К	И
К	Ц	О	М	К	К	К	О	Ж	Ш	П	Ф	А
Р	Ф	Т	Р	О	Л	Л	Е	Й	Б	У	С	М
Т	М	О	Ц	Р	З	Ы	В	У	Л	М	О	А
Д	У	Ц	Ю	В	Д	Р	Р	Ю	Ш	Б	Ж	Ш
Б	Л	И	А	Е	З	М	Е	Т	Р	О	А	И
Ш	Е	К	З	Л	И	О	П	К	Е	Ш	П	Н
З	Д	Л	М	О	А	Ш	С	С	Ю	З	Р	А
Е	Ю	Т	П	С	Б	З	А	Я	Л	У	Я	Д
Т	А	К	С	И	О	Ф	М	Н	У	Ы	Ц	З
Ц	В	Ж	Л	П	А	Р	О	М	К	Н	Р	С
А	Т	Ш	Т	Е	Я	Д	Л	А	Б	Я	Я	А
П	О	Е	З	Д	К	М	Ё	Т	О	Р	С	Ы
Ы	Б	О	П	Ф	С	О	Т	Ю	Е	И	Л	И
А	У	К	Ш	Л	Е	Я	И	Т	Ы	А	Е	У
К	С	П	Т	Р	А	М	В	А	Й	Т	Ф	И

B. Sortieren Sie die Transportmittel in die richtige Kategorie ein.

во́здух: _____

вода́: _____

земля́: _____

→ Auflösung
Siehe nächste Seite

TAG 09

Auflösung:

A. Waagerecht:
маршру́тка, троллéйбус, метро́, такси́,
по́езд, паро́м, трамва́й

Senkrecht:
мотоци́кл, маши́на, велосипе́д,
самолёт, авто́бус

B. во́здух: самолёт
вода́: паро́м
земля́: мотоци́кл, троллéйбус,
велосипе́д, трамва́й, метро́, авто́бус,
маршру́тка, такси́, маши́на, по́езд

Erfolgs-Check

A. Bilden Sie die richtige Anrede mit Vor- und Vatersnamen.

Vorname	Name des Vaters	Anrede
Надéжда	Ивáн	
Борúс	Антóн	
Екатерúна	Вúктор	
Геннáдий	Степáн	
Эдуáрд	Константúн	
Ирúна	Сергéй	
Пáвел	Николáй	
Светлáна	Максúм	

B. Wie werden dieselben Personen von Freunden und Familienangehörigen genannt?

Vorname	Kurzform	Koseform
Надéжда		
Борúс		
Екатерúна		
Геннáдий		
Эдуáрд		
Ирúна		
Пáвел		
Светлáна		

➜ *Auflösung*
Siehe nächste Seite

TAG 10

Auflösung:

A. Наде́жда Ива́новна
Бори́с Анто́нович
Екатери́на Ви́кторовна
Генна́дий Степа́нович
Эдуа́рд Константи́нович
Ири́на Серге́евна
Па́вел Никола́евич
Светла́на Макси́мовна

B. Наде́жда: На́дя, На́денька / Надю́ша
Бори́с: Бо́ря, Бо́ренька
Екатери́на: Ка́тя, Катю́ша / Ка́тенька
Генна́дий: Ге́на, Ге́ночка
Эдуа́рд: Э́дик, Э́дик
Ири́на: И́ра, Ири́ша / И́рочка
Па́вел: Па́ша, Па́шенька
Светла́на: Све́та, Све́точка

Erfolgs-Check ✏

Übung absolviert am:	fiel mir leicht ↓	möchte ich wiederholen ↓
---------------------------------	☐	☐
---------------------------------	☐	☐
---------------------------------	☐	☐

A. Die Verneinung: Setzen Sie das Wort in Klammern in den richtigen Fall.

1 У меня́ нет _____ (*Zeit*).

2 У нас нет _____ (*Zucker*)

и нет _____ (*Tee*).

3 Нет _____ (*Geschmack*).

У нее вообще́ нет _____ (*Geschmack*)!

B. не oder ни? Setzen Sie die richtige Form ein und übersetzen Sie die Sätze ins Deutsche.

1 В де́тстве она́ _____ с кем _____ игра́ла.

_____

2 Макси́му _____ с кем танцева́ть.

_____

3 Никто́ ничего́ _____ зна́ет.

_____

4 Мне _____ чего де́лать.

_____

5 Ви́ка _____ когда́ _____ ку́рит.

_____

6 Мне _____ когда.

_____

→ *Auflösung
Siehe nächste Seite*

TAG 11

Auflösung:

A. **1** вре́мени – **2** са́хара, ча́я – **3** вку́са, никако́го вку́са

B. **1** В де́тстве она́ ни с кем не игра́ла. – In ihrer Kindheit hat sie mit niemandem gespielt.

2 Макси́му не́ с кем танцева́ть. – Maxim hat niemanden zum Tanzen.

3 Никто́ ничего́ не зна́ет. – Niemand weiß etwas.

4 Мне не́чего де́лать. – Ich habe nichts zu tun.

5 Ви́ка никогда́ не ку́рит. – Vika raucht nie.

6 Мне не́когда. – Ich habe keine Zeit.

Erfolgs-Check

	fiel mir leicht	möchte ich wiederholen
Übung absolviert am:	↓	↓
....	☐	☐
....	☐	☐
....	☐	☐

Akkusativ: Beantworten Sie die Fragen.

1 Кого́ Вы встре́тили?

Я встре́тил(а) …

Макси́м   Ве́ра   Ка́тя   Серге́й   И́горь

2 Что Вы чита́ли?

Я чита́л(а) …

3 Что/Кого́ Вы виде́ли?

Я ви́дел(а) …

мужчи́на – же́нщина – учи́тель – такси́ – ма́льчик – де́вушка –
метро́ – зда́ние – оте́ц – дочь – продавщи́ца – дом

→ Auflösung
Siehe nächste Seite

TAG 12

Auflösung:

1 Макси́ма – Ве́ру – Ка́тю –
   Серге́я – И́горя
2 газе́ты – кни́гу – журна́л – письмо́
3 мужчи́ну – же́нщину – учи́теля –
   такси́ – ма́льчика – де́вушку –
   метро́ – зда́ние – отца́ – дочь –
   продавщи́цу – дом

Erfolgs-Check

	fiel mir leicht ↓	möchte ich wiederholen ↓
Übung absolviert am:		
....	☐	☐
....	☐	☐
....	☐	☐

Was haben Sie diese Woche geübt? Testen Sie sich!

1 Welches der folgenden Personalpronomen passt in die Lücke?
Евро́па _____ нужна́ экономи́чески.

- **a** нам
- **b** на́ми
- **c** нас

2 Welches der folgenden Verkehrsmittel gibt es nicht in jeder Stadt?

- **a** велосипе́д
- **b** маршру́тка
- **c** маши́на

3 Veras Vater heißt Viktor. Veras Vatersname lautet also:

- **a** Ви́кторевна
- **b** Ви́кторовна
- **c** Ви́кторавна

4 Vervollständigen Sie den Satz: Нет _____!

- **a** пробле́ма
- **b** пробле́мой
- **c** пробле́м

5 Welche Form ist korrekt? Мы с па́пой ви́дели _____.

- **a** Андре́й и Мари́на
- **b** Андре́я и Мари́ны
- **c** Андре́я и Мари́ну

→ *Auflösung*
Siehe nächste Seite

TAG 13

Auflösung:

1 a – 2 b – 3 b – 4 c – 5 c

Erfolgs-Check

	fiel mir leicht	möchte ich wiederholen
Übung absolviert am:	↓	↓
-------------------------------	☐	☐
-------------------------------	☐	☐
-------------------------------	☐	☐

Vielvölkerstaat Russland und die Republik Tatarstan

Russland ist flächenmäßig der größte Staat der Erde und Heimat für über 143 Millionen Menschen. Obwohl die Russen mit über 80 % die Mehrheit der Bevölkerung darstellen, begreift sich das Land als Vielvölkerstaat. So wird im Russischen auch eindeutig zwischen den Bezeichnungen **ру́сский** und **росси́йский** unterschieden. **Росси́йский** bezieht sich rein auf den Staat, während sich **ру́сский** auf Nationalität und Ethnie bezieht.

21 Gebiete innerhalb Russlands haben einen besonderen Status. Sie besitzen eine eigene Verfassung, eine eigene Gesetzgebung und innerhalb der Russischen Föderation den höchsten Grad an innerer Autonomie. Diese Republiken sind für die größeren, nicht-russischen Völker errichtet worden. Die wohl bekannteste und bevölkerungsreichste Republik ist Tatarstan (**Респу́блика Татарста́н**). Die Hauptstadt Kasan (**Каза́нь**) gilt als Zentrum des russischen Islam (sunnitisch) und als Perle der Architektur, die in einzigartiger Weise Orient und Okzident vereinigt. Hier kann man sowohl bedeutende Moscheen als auch Kirchen besichtigen. Am bekanntesten ist allerdings der Kreml aus dem 16. Jahrhundert, der 1990 in die Liste des UNESCO-Welterbes aufgenommen wurde. In Kasan befindet sich auch die Kul-Scharif-Moschee (**мече́ть Кул-Шари́ф**), eine der größten Moscheen Russlands und Europas.

Kasan ist eine bedeutende Universitätsstadt mit zahlreichen Hochschulen. An der Staatlichen Universität Kasan studierten berühmte Persönlichkeiten, wie z. B. Lenin oder Tolstoj.

Beschriften Sie die Zimmer in der Wohnung.

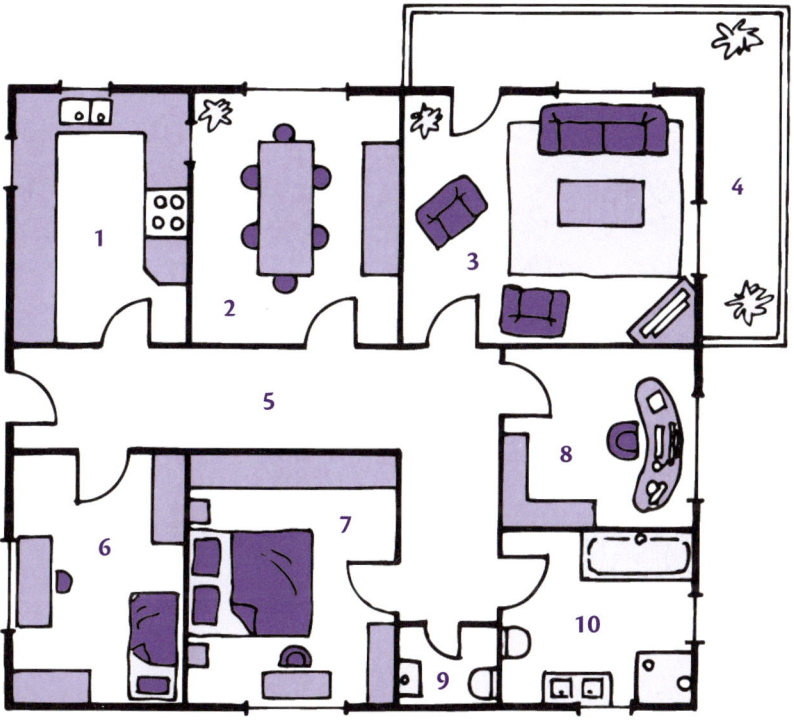

→ Auflösung
Siehe nächste Seite

TAG 15

Auflösung:

1 ку́хня
2 столо́вая
3 гости́ная
4 балко́н / терра́са
5 коридо́р
6 де́тская
7 спа́льня
8 кабине́т
9 туале́т
10 ва́нная

Erfolgs-Check

	fiel mir leicht	möchte ich wiederholen
Übung absolviert am:	↓	↓
....	☐	☐
....	☐	☐
....	☐	☐

A. Adjektive: Finden Sie das Gegenteil folgender Adjektive im Buchstabengitter.

молодо́й – тру́дный – счастли́вый – большо́й –
больно́й – то́лстый – чи́стый

Б	Е	И	В	Е	Щ	Н	Э	Ц	В
Ь	Й	И	К	Ь	Н	Е	Л	А	М
Х	У	Д	О	Й	Й	С	Д	М	Г
Ш	Д	К	Х	Ы	Л	Ч	Т	П	Р
Х	Б	Ю	Р	З	Я	А	У	Ч	Я
Р	Ц	А	П	Г	З	С	Е	Т	З
Ж	Т	Ф	Э	Ж	Г	Т	Ы	Ш	Н
С	Ъ	Н	Ю	У	Р	Н	Ч	Ф	Ы
З	Д	О	Р	О	В	Ы	Й	Ц	Й
С	Л	Ё	Г	К	И	Й	Ж	В	Г

B. Welche Vorsilbe wird oft verwendet, um Adjektive mit gegenteiliger Bedeutung zu bilden?

краси́вый   _____ краси́вый

симпати́чный   _____ симпати́чный

→ *Auflösung*
Siehe nächste Seite

TAG 16

Auflösung:

A. несча́стный – ма́ленький – здоро́вый –
   гря́зный – лёгкий – ста́рый – худо́й
B. не: некраси́вый, несимпати́чный

Erfolgs-Check

	fiel mir leicht	möchte ich wiederholen
Übung absolviert am:	↓	↓
....	☐	☐
....	☐	☐
....	☐	☐

Setzen Sie die passende Form der Verben in Klammern ein.

1 Я _____ игра́ть в ша́хматы, а что ты _____

де́лать в свобо́дное вре́мя? (люби́ть)

2 Еле́на Григо́рьевна, в слу́чае чего́ _____

в посо́льство Росси́и. (позвони́ть)

3 Я _____ регуля́рно. Но мой друг не _____

вообще́. (бе́гать)

4 Мы с му́жем _____ гри́ппом.

У нас всё _____ . (боле́ть)

5 Мой оте́ц всегда́ _____ ра́нним у́тром. (бри́ться)

6 • _____ там но́вую маши́ну Андре́я?

 • Не _____ . Где она́? (ви́деть)

7 Жди меня́, и я _____ . (верну́ться)

8 • Я _____ есть моро́женое.

 • А мы не _____ ! Мы _____ пирога́. (хоте́ть)

9 Ско́лько _____ э́та кни́га? (сто́ить)

10 • Ла́рочка, почему́ ты _____ ?

 • А я не _____ . У меня́ аллерги́я. (пла́кать)

➔ *Auflösung*
Siehe nächste Seite

Auflösung:

1 люблю́, лю́бишь
2 позвони́те
3 бе́гаю, бе́гает
4 боле́ем, боли́т
5 бре́ется
6 Ви́дишь, ви́жу
7 верну́сь
8 хочу́, хоти́м, хоти́м
9 сто́ит
10 пла́чешь, пла́чу

Erfolgs-Check

	fiel mir leicht	möchte ich wiederholen
Übung absolviert am:	↓	↓
....	☐	☐
....	☐	☐
....	☐	☐

A. Wie viel Uhr ist es? Schreiben Sie die Uhrzeiten zu den Uhren.

1 _____

2 _____

3 _____

4 _____

B. Welche Uhrzeiten sind identisch?

1	без двадцати́ семь	**a**	без десяти́ пять
2	по́лночь / по́лдень	**b**	два часа́, три́дцать мину́т
3	четы́ре часа, пя́тьдесят мину́т	**c**	двена́дцать часо́в
4	полови́на тре́тьего	**d**	шесть часо́в, со́рок мину́т

C. Ergänzen Sie die Dialoge mit den Angaben aus den Klammern.

1 • _____? *(Wie viel Uhr ist es?)*

• _____. *(9.30 Uhr)*

• Э́то _____. *(früh)* Кни́жный магази́н открыва́ется

то́лько _____. *(um zehn)* Нам на́до ждать ещё

_____. *(eine halbe Stunde)*

2 • _____ *(Wann [Um wie viel Uhr])* мы встре́тимся с Ла́рой?

• Её рабо́та зака́нчивается _____.

(um sieben Uhr abends) Тогда́ ей ещё на́до е́хать в центр го́рода.

Мы договори́лись встре́титься _____. *(um acht)*

• Подхо́дит.

→ *Auflösung*
Siehe nächste Seite

TAG 18

Auflösung:

A. **1** семь часо́в

2 три часа́ и пятьдеся́т пять мину́т /
без пяти́ четы́ре

3 де́сять часо́в и пятна́дцать мину́т /
че́тверть оди́ннадцатого

4 оди́ннадцать часо́в и два́дцать
во́семь минут

B. **1** d – **2** c – **3** a – **4** b

C. **1** Кото́рый час? – Де́вять часо́в и
три́дцать мину́т. – ра́но – в де́сять –
полчаса́

2 Во ско́лько – в семь часо́в ве́чера –
в во́семь

Erfolgs-Check

Übung absolviert am:	fiel mir leicht ↓	möchte ich wiederholen ↓
....	☐	☐
....	☐	☐
....	☐	☐

Ordnungszahlen: Lösen Sie das Kreuzworträtsel.

Waagerecht: 4 zehnter
6 sechster
7 fünfter
10 vierter

Senkrecht: 1 neunter
2 siebter
3 achter
5 zweiter
8 dritter
9 erster

➔ Auflösung
Siehe nächste Seite

TAG 19

Auflösung:

Waagerecht:
- **4** деся́тый
- **6** шесто́й
- **7** пя́тый
- **10** четвёртый

Senkrecht:
- **1** девя́тый
- **2** седьмо́й
- **3** восьмо́й
- **5** второ́й
- **8** тре́тий
- **9** пе́рвый

Erfolgs-Check

Übung absolviert am:

	fiel mir leicht ↓	möchte ich wiederholen ↓
------------------------------------	☐	☐
------------------------------------	☐	☐
------------------------------------	☐	☐

Was haben Sie diese Woche geübt? Testen Sie sich!

1 Welchen Raum sollte jede Wohnung haben?

   a ва́нная

   b кабине́т

   c столо́вая

2 Welche beiden Adjektive sind keine Gegensätze?

   a ста́рый – молодо́й

   b здоро́вый – больно́й

   c ма́ленький – небольшо́й

3 Welche Formen sind korrekt?

   a я люблью, ты лю́бьишь, он(а́) лю́бит, мы лю́бьим,
вы лю́бьите, они́ лю́бьят

   b я люблю́, ты лю́бишь, он(а́) лю́бит, мы лю́бим,
вы лю́бите, они́ лю́бят

   c я люблу́, ты лю́бишь, он(а́) лю́бит, мы лю́бим,
вы лю́бите, они́ лю́биат

4 Sagen Sie 9.37 *Uhr* auf Russisch.

   a де́вять часо́в три́дцать семь мину́т

   b де́вять часо́в со́рок пять мину́т

   c де́вять часо́в три́дцать во́семь мину́т

5 Ла́ра заняла́ _____ (1.) ме́сто в турни́ре.

   a пе́рвое

   b восьмо́е

   c пя́тое

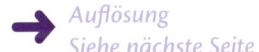 *Auflösung
Siehe nächste Seite*

TAG
20

Auflösung:

1 a – 2 c – 3 b – 4 a – 5 a

Erfolgs-Check

Übung absolviert am:

	fiel mir leicht ↓	möchte ich wiederholen ↓
-----------------------------------	☐	☐
-----------------------------------	☐	☐
-----------------------------------	☐	☐

Russische Herrscher

Russland wurde im Laufe der Zeit durch zahlreiche faszinierende Herrscherpersönlichkeiten geprägt. Der legendäre Wikingerfürst **Рю́рик** soll 862 Russland offiziell begründet haben. Damals war Kiew die Hauptstadt des russischen Reiches (**Ки́евская Русь**). In den folgenden Jahrhunderten wurde die Hauptstadt des mittlerweile christlichen Reiches erst nach Wladimir-Susdal und dann nach Moskau verlegt.

Der erste russische Zar (Krönung 1547) war **Ива́н Гро́зный** (1530–1584), der erstmals den Blick nach Osten (Sibirien) richtete und sein Reich beträchtlich vergrößerte. Bekannt geworden ist er jedoch vor allem durch seine Unberechenbarkeit und Grausamkeit. Ab dem 17. Jahrhundert wurde Russland von der Dynastie der Romanows beherrscht, die das Land bis zur Oktoberrevolution 1917 regierte.

Einer der bedeutendsten Herrscher dieser Dynastie war Peter der Große, **Пётр Вели́кий** (1672–1725). Er begriff sich als Modernisierer, der sein Land nach Westen hin öffnen wollte. Mit Petersburg gründete er eine neue Hauptstadt, sein **окно́ в Евро́пу**. Er reorganisierte Schulwesen, Wirtschaft, Verwaltung und Bürokratie und lud ausländische Experten nach Russland ein.

Auch Katharina die Große, **Екатери́на Вели́кая** (1729–1796), richtete ihren Blick nach Europa. So lud sie tausende von deutschen Bauern zur Ansiedlung ins Russische Reich ein: die späteren Wolgadeutschen. Außenpolitisch baute Katharina den Machtbereich Russlands aus wie kein anderer Regent vor ihr.

Weitere bekannte Herrscher sind **Алекса́ндр II** (1818–1881), der nach der Abschaffung der Leibeigenschaft 1861 den Titel Befreier, **освободи́тель**, erhielt und **Никола́й II** (1868–1918), der letzte Zar Russlands.

Die Familie: Fügen Sie die passenden Verwandtschaftsbezeichnungen ein.

```
              Па́вел      Ири́на
                 ┌──────────┬──────────┐
  Алекса́ндр  Маргари́та  Влади́мир  Генна́дий   Ла́ра
      └─────┬─────┘                   └─────┬─────┘
   Андре́й  Дми́трий  Мари́я                Викто́рия
```

1 Па́вел – _____ Ири́ны. У них тро́е _____.

2 Влади́мир – _____ Андре́я.

3 Ири́на – _____ Маргари́ты и _____ Викто́рии.

4 Викто́рия и Мари́я – _____ Па́вла и Ири́ны.

5 Андре́й и Дми́трий – _____ Па́вла и Ири́ны.

6 У Маргари́ты одна́ _____.

7 _____ Викто́рии – Па́вел.

8 Дми́трий – _____ Влади́мира и его́ _____,

   Мари́я – _____ Влади́мира.

9 Дми́трий и Викто́рия – _____ и _____.

10 _____ Викто́рии зову́т Генна́дий.

11 У Ири́ны два _____.

12 _____ Генна́дия – Ла́ра.

13 Мари́я, Андре́й и Дми́трий – _____ и два _____.

   У них о́бщие _____.

➡ *Auflösung
Siehe nächste Seite*

Auflösung:

1 муж, дете́й
2 дя́дя
3 мать, ба́бушка
4 вну́чки
5 вну́ки
6 дочь
7 Де́душка
8 племя́нник, сестра́, племя́нница
9 кузе́н, кузи́на
10 Отца́
11 сы́на
12 Жена́
13 сестра́, бра́та, роди́тели

Erfolgs-Check ✏️

Übung absolviert am:	fiel mir leicht ↓	möchte ich wiederholen ↓
....	☐	☐
....	☐	☐
....	☐	☐

Setzen Sie die passenden Possessivpronomen ein.

1 Как зову́т _____ тётю? (ты)

2 _____ мечта́ сбыла́сь. (Ю́рген, А́нна)

3 Как _____ жизнь мо́жет улу́чшиться? (мы)

4 К сожале́нию _____ зарпла́та оставля́ет жела́ть лу́чшего. (я)

5 _____ жена́ рабо́тает врачо́м. (Дании́л)

6 Неда́вно я обе́дал с _____ прия́телем Андре́ем. (я)

7 А что вы ду́маете о _____ рабо́те? (Ю́лия)

8 И что, на _____ взгляд, на́до де́лать? (Вы)

9 С _____ по́мощью мо́жно бу́дет реши́ть пробле́му.
(Да́рья, Людми́ла, Ксе́ния)

10 Я без _____ по́мощи бо́льше не могу́. (ты)

11 Викто́рия чита́ла _____ письмо́. (Кири́л)

12 _____ пе́рвые шаги́ Ла́ра де́лала с по́мощью де́душки. (Ла́ра)

13 Одно́ из _____ лу́чших де́тских воспомина́ний – э́то о́тпуск
на мо́ре. (я)

14 Жела́ю _____ де́тям всего́ хоро́шего в но́вой шко́ле. (Вы)

15 Ва́ня загля́дывает в _____ кни́гу. (Еле́на)

16 Изве́стный рома́н Ле́рмонтова называ́ется «Геро́й _____
вре́мени». (мы)

17 Там пого́да о́чень похо́жа на _____ . (мы)

18 Какова́ _____ пози́ция относи́тельно э́той пробле́мы? (Вы)

➡ *Auflösung
Siehe nächste Seite*

TAG 23

Auflösung:

1 твою́ – **2** Их – **3** на́ша – **4** моя́ – **5** Его́ –
6 мои́м – **7** её – **8** Ваш – **9** их – **10** твое́й –
11 его́ – **12** Свой – **13** мои́х – **14** Ва́шим –
15 её – **16** на́шего – **17** на́шу – **18** Ва́ша

Erfolgs-Check

	fiel mir leicht	möchte ich wiederholen
Übung absolviert am:	↓	↓
....	☐	☐
....	☐	☐
....	☐	☐

**Diese Verben stehen im Russischen mit anderen Fällen als im Deutschen.
Ordnen Sie sie der richtigen Kategorie zu.**

благодари́ть – ду́мать – жела́ть – гото́виться – боя́ться – зави́довать –
увлека́ться – горди́ться – занима́ться – звони́ть – по́мнить – мечта́ть –
интересова́ться – хоте́ть – удивля́ться – тре́бовать – поздравля́ть –
по́льзоваться – ждать – стать

кого́? / чего́?	
(к) кому́? / чему́?	
кого́? / что́?	
кем? / чем?	
о ко́м / о чём?	

➤ *Auflösung*
Siehe nächste Seite

TAG 24

Auflösung:

кого? / чего?:
> хоте́ть, тре́бовать, ждать,
> благодари́ть, боя́ться, жела́ть

(к) кому́? / чему́?:
> звони́ть, гото́виться, зави́довать,
> жела́ть, удивля́ться

кого́? / что́?:
> поздравля́ть

кем? / чем?:
> занима́ться, интересова́ться, стать,
> увлека́ться, по́льзоваться, горди́ться,
> поздравля́ть

о ко́м? / о чём?:
> ду́мать, по́мнить, мечта́ть

Erfolgs-Check ✏️

Übung absolviert am:	fiel mir leicht ↓	möchte ich wiederholen ↓
....	☐	☐
....	☐	☐
....	☐	☐

A. Finden Sie die sieben Kleidungsstücke in der Wortschlange.

пла́тьеблу́зкаруба́шкасви́тер
костю́мку́рткапальто́

B. Welches Wort gehört nicht dazu?

1 ли́фчик – трусы́ – ма́йка – та́почки

2 шарф – мехова́я ша́пка – тёмные очки́ – перча́тка

3 кольцо́ – га́лстук – брасле́т – ожере́лье

4 ту́фли на высо́ком каблуке́ – санда́лии – сапоги́ – носки́

5 джи́нсы – брю́ки – пла́вки – шо́рты – ю́бка

C. Beschriften Sie die Bilder.

1 _____ **2** _____ **3** _____

4 _____ **5** _____

➜ *Auflösung*
Siehe nächste Seite

TAG 25

Auflösung:

A. пла́тье
блу́зка
руба́шка
сви́тер
костю́м
ку́ртка
пальто́

B. **1** та́почки
2 тёмные очки́
3 га́лстук
4 носки́
5 юбка

C. **1** кеды **2** пиджа́к **3** носки́
4 шарф **5** га́лстук

Erfolgs-Check

	fiel mir leicht ↓	möchte ich wiederholen ↓
Übung absolviert am:		
....	☐	☐
....	☐	☐
....	☐	☐

Welcher Beruf ist richtig?

1 Дми́трий И. Менделе́ев – знамени́тый ру́сский _____,
кото́рый откры́л периоди́ческий зако́н хими́ческих элеме́нтов.

математик – фи́зик – био́лог – хи́мик

2 В Росси́и Пу́шкин – са́мый популя́рный и изве́стный _____.

писа́тель – спортсме́н – диза́йнер – милиционе́р

3 Оле́г К. Попо́в – ру́сский _____, кото́рого зна́ют во всём ми́ре.

кло́ун – бизнесме́н – информа́тик – по́вар

4 Геро́й сове́тского фи́льма «Джентельме́ны уда́чи» – _____.

воспита́тель в де́тском саду́ – такси́ст – рыба́к – мясни́к

5 А́нна С. Политко́вская – ру́сская _____, кото́рая
обрати́ла осо́бое внима́ние на конфли́кт в Чечне́.

медсестра́ – крестья́нка – журнали́стка – предпринима́тель

6 Пётр И. Чайко́вский – знамени́тый _____, кото́рый
написа́л «Лебеди́ное о́зеро» и «Спя́щая краса́вица».

певе́ц – компози́тор – режиссёр – худо́жник

7 Ю́рий М. Лужко́в в тече́ние 18 лет был _____ ом Москвы́.

поли́тик – мэр – строи́тель – мини́стр

→ Auflösung
Siehe nächste Seite

TAG
26

Auflösung:

1 хи́мик – **2** писа́тель – **3** кло́ун –
4 воспита́тель в де́тском саду́ –
5 журнали́стка – **6** компози́тор – **7** мэр

Erfolgs-Check

	fiel mir leicht ↓	möchte ich wiederholen ↓
Übung absolviert am:		
....	☐	☐
....	☐	☐
....	☐	☐

Was haben Sie diese Woche geübt? Testen Sie sich!

1 Die Familie: In welcher Reihe gerät die Generationenabfolge etwas durcheinander?

- **a** брат – мать – внук
- **b** де́душка – оте́ц – сын
- **c** племя́нник – мать – ба́бушка

2 Fügen Sie das Possesivpronomen im passenden Fall ein.
Хорошо́, тогда́ я жду _____ звонка́. – *Gut, dann warte ich auf Ihren Anruf.*

- **a** Ва́ша
- **b** Ва́шего
- **c** Ва́ши

3 Welche Übersetzung ist korrekt? *Ich wünsche dir alles Gute.*

- **a** Я жела́ю тебя́ всё хоро́шее.
- **b** Я жела́ю тобо́й всего́ хоро́шее.
- **c** Я жела́ю тебе́ всего́ хоро́шего.

4 Was ist das russische Wort für *Handschuhe***?**

- **a** перча́тки
- **b** ша́рфы
- **c** ту́фли

5 In welchem der folgenden Berufe arbeitet man nicht mit Kindern?

- **a** воспита́тель
- **b** кло́ун
- **c** мэр

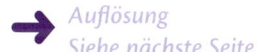 *Auflösung
Siehe nächste Seite*

TAG
27

Auflösung:

1 a – 2 b – 3 c – 4 a – 5 c

Erfolgs-Check

Übung absolviert am:

	fiel mir leicht	möchte ich wiederholen
....	☐	☐
....	☐	☐
....	☐	☐

Naturdenkmäler

Russland hat nicht nur kulturell Interessierten viel zu bieten. Bemerkenswert sind vor allem auch seine Naturdenkmäler. Obwohl sich davon die bekanntesten im asiatischen Raum befinden, sind auch die europäischen Naturdenkmäler einen Besuch wert. Allen voran die größten Urwälder Europas, die **Де́вственные леса́ Ко́ми**, der russische Teil der Kurischen Nehrung (**Ку́ршская коса́**) und der Westkaukasus (**За́падный Кавка́з**), die allesamt unter dem Schutz der UNESCO stehen.

Eines der bekanntesten Ziele für Touristen in Sibirien ist der Baikalsee (**о́зеро Байка́л**) an der Trasse der transsibirischen Eisenbahn. Dieser See ist ein See der Superlative: Er ist nicht nur der älteste und tiefste See der Erde, sondern auch das größte nicht gefrorene Süßwasserreservoir der Welt. Sehenswert sind auch die Vulkane der Kamchatkahalbinsel, die **вулка́ны Камча́тки**, darunter der **Ключевско́й**, der größte Vulkan der Nordhalbkugel, und einer der angeblich schönsten Vulkane der Welt, der **Кроно́цкая со́пка**.

Russland besitzt zahlreiche gigantische Naturschutzreservate, die erst teilweise touristisch erschlossen sind. Zu den bekanntesten zählen **Золоты́е го́ры Алта́я**, **Путора́нский запове́дник** und **Сихотэ́-Али́нский запове́дник**.

A. Verkleinerungsformen werden im Russischen häufiger benutzt als im Deutschen. Welches Grundwort steckt hinter den folgenden Verkleinerungsformen?

> ча́шечка – грибо́к – звёздочка – серде́чко – води́чка – я́блочко –
> дружо́к – до́мик – тётушка – ша́рик – во́дочка – сыно́к – цвето́чек –
> до́чка – молочко́ – сту́льчик – бли́нчик – го́дик

B. Ordnen Sie die Diminutivendungen (verkleinernden Endungen) aus A. in die Tabelle ein.

maskulin	feminin	neutrum

Auflösung
Siehe nächste Seite

TAG 29

Auflösung:

A. ча́шка – ча́шечка, гриб – грибо́к,
звезда́ – звёздочка, се́рдце – серде́чко,
вода́ – води́чка, я́блоко – я́блочко,
друг – дружо́к, дом – до́мик,
тётя – тётушка, шар – ша́рик,
во́дка – во́дочка, сын – сыно́к,
цвето́к – цвето́чек, дочь – до́чка,
молоко́ – молочко́, стул – сту́льчик,
блин – бли́нчик, год – го́дик

B. maskulin: -ок, -ик, -чек, -чик
feminin: -ечка, -очка, -ичка, -ка, -ушка
neutrum: -ечко, -чко

Erfolgs-Check

A. Finden Sie die unregelmäßigen Pluralformen zu den angegebenen Wörtern.

1 человéк   (июлд) _____

2 ребёнок   (теид) _____

3 сестрá   (ытёрсс) _____

4 дéрево   (веяерьд) _____

5 друг   (рязьуд) _____

6 отéц   (ытоц) _____

7 дéнь   (нди) _____

8 дочь   (иоечдр) _____

B. Fünfzehn unregelmäßige Pluralformen sind im Suchsel. Es sind alle Richtungen möglich. Wie lautet das passende Grundwort?

Й	П	Р	О	Ф	Е	С	С	О	Р	А	Л
Г	Л	А	З	А	Е	Я	Ц	Э	Н	Т	И
У	Т	А	П	А	С	П	О	Р	Т	А	С
Д	Ф	К	Г	О	Р	О	Д	А	Н	Е	Т
У	Ш	И	Н	Х	М	З	А	Ш	С	Ш	Ь
Ы	Ф	И	Ю	Я	Э	Р	М	И	Я	А	Я
И	У	Ч	И	Т	Е	Л	Я	Ь	Ы	Д	Ы
Ш	З	И	Э	Ч	Я	Ь	В	Л	Ы	Р	Р
О	Т	В	Е	Ь	Л	О	Е	Н	Б	Е	Ю
О	Ш	В	Ж	У	Н	С	Ё	И	Ж	С	Ю
З	В	У	Т	Ы	А	Ж	Я	Ю	К	А	Э
О	М	С	С	И	Р	Е	Т	А	М	Ц	Ч

➡ *Auflösung
Siehe nächste Seite*

**TAG
30**

Auflösung:

A. 1 лю́ди 2 де́ти 3 сёстры 4 дере́вья
  5 друзья́ 6 отцы́ 7 дни 8 до́чери

B. профессора́, профе́ссор
  паспорта́, па́спорт
  учителя́, учи́тель
  сыновья́, сын
  ма́тери, мать
  вечера́, ве́чер
  адреса́, а́дрес
  города́, го́род
  ли́стья, лист
  сту́лья, стул
  глаза́, глаз
  мужья́, муж
  леса́, лес
  жёны, жена
  у́ши, у́хо

Erfolgs-Check ✏️

	fiel mir leicht	möchte ich wiederholen
Übung absolviert am:	↓	↓
....	☐	☐
....	☐	☐
....	☐	☐

A. в oder на? Ordnen Sie zu.

Крым – университе́т – вокза́л – ме́сто – Москва́ – центр – бюро́ –
магази́н – конце́рт – кварти́ра – да́ча – музе́й – библиоте́ка – сад –
су́мка – мост – подъе́зд – ра́дио – туале́т – куро́рт – у́лица – стена́ –
рабо́та – се́вер – теа́тр – Кавка́з

в	на

B. Welche Wörter haben eine Sonderform?

_____

_____

_____

→ *Auflösung*
Siehe nächste Seite

TAG
31

Auflösung:

A. в: центр, библиоте́ка, Москва́,
подъе́зд, университе́т, бюро́, су́мка,
теа́тр, музе́й, кварти́ра, туале́т,
магази́н, Крым, сад
на: конце́рт, вокза́л, у́лица, се́вер,
куро́рт, да́ча, ра́дио, стена́, рабо́та,
ме́сто, Кавка́з, мост

B. мост, на мосту́
Крым, в Крыму́
сад, в саду́

Erfolgs-Check

Körperteile: Beschriften Sie die Zeichnung.

во́лосы – глаз – рот – нос – рука́ (2×) – живо́т – коле́но – го́рло –
нога́ (2×) – у́хо – голова́ – ло́коть – па́лец (2×) – лоб – грудь

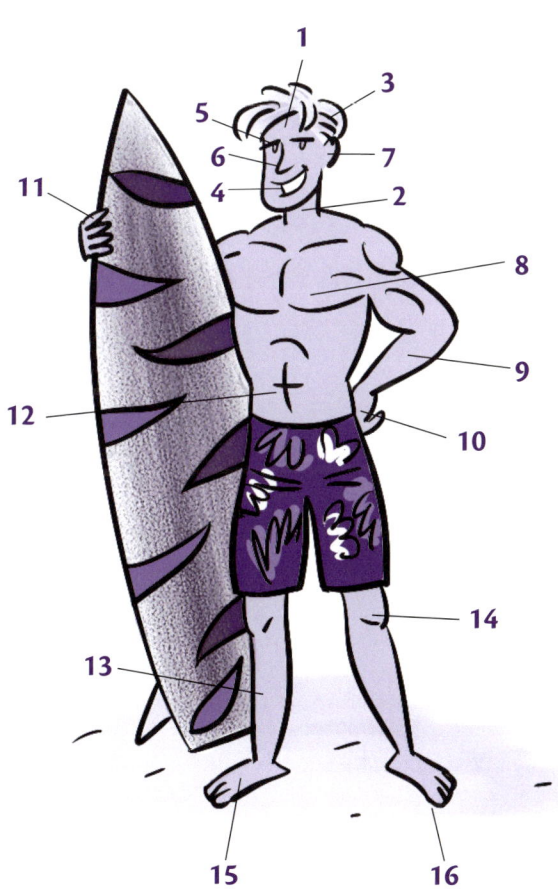

Auflösung
Siehe nächste Seite

TAG 32

Auflösung:

1 лоб – Stirn
2 го́рло – Hals
3 во́лосы – Haare
4 рот – Mund
5 глаз – Auge
6 нос – Nase
7 у́хо – Ohr
8 грудь – Brust
9 рука́ – Arm
10 рука́ – Hand
11 па́лец – Finger
12 живо́т – Bauch
13 нога́ – Bein
14 коле́но – Knie
15 нога́ – Fuß
16 па́лец – Zeh

Erfolgs-Check

Übung absolviert am:

	fiel mir leicht	möchte ich wiederholen
-----------------------------------	☐	☐
-----------------------------------	☐	☐
-----------------------------------	☐	☐

A. Bilden Sie die fehlenden Formen von мочь und уметь.

мочь	уметь
я _____	я уме́ю
ты мо́жешь	ты _____
он/она́/оно́ _____	он/она́/оно́ _____
мы _____	мы уме́ем
вы _____	вы _____
они́ мо́гут	они́ _____

B. Vervollständigen Sie die Sätze.

1 Ка́спар Ха́узер не _____ ни чита́ть, ни писа́ть.

2 _____ быть, э́то не совсе́м пра́вильно.

3 Я абсолю́тно свобо́дна и _____ де́лать всё, что хочу́.

4 Я не _____ объясни́ть явле́ние НЛО.

5 На вечери́нках Па́ша и И́ра всегда́ танцу́ют наро́дный та́нец,

   незави́симо от того́, _____ они́, и́ли нет.

6 Если де́ти заболе́ли, вы не _____ отвести́ их в де́тский сад.

7 Вита́лий _____ виртуо́зно эконо́мить.

8 _____ ли ты петь?

9 Е́сли бы вы _____ верну́ться в про́шлое, куда́ бы вы хоте́ли

   попа́сть?

10 Как я _____ забы́ть день рожде́ния жены́?

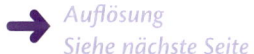 *Auflösung
Siehe nächste Seite*

TAG 33

Auflösung:

A. мочь: я могу́, ты мо́жешь,
он/она́/оно́ мо́жет, мы мо́жем,
вы мо́жете, они́ мо́гут
уметь: я уме́ю, ты уме́ешь,
он/она́/оно́ уме́ет, мы уме́ем,
вы уме́ете, они́ уме́ют

B. 1 уме́л – **2** Мо́жет – **3** могу́ – **4** могу́ –
5 уме́ют – **6** мо́жете – **7** уме́ет –
8 Уме́ешь – **9** могли́ – **10** мог

Erfolgs-Check ✎

Übung absolviert am:

	fiel mir leicht	möchte ich wiederholen
----------------------------------	☐	☐
----------------------------------	☐	☐
----------------------------------	☐	☐

Was haben Sie diese Woche geübt? Testen Sie sich!

1 Was ist die Verkleinerungsform von *Haus*?

   a до́мик

   b дом

   c доми́ще

2 Welche Form passt in die Lücke? «Солда́тские _____» – сою́з матере́й, кото́рые защища́ют права́ их дете́й.

   a ма́терью

   b ма́тери

   c мать

3 Setzen Sie die richtige Form ein.
В про́шлом году́ мы провели́ о́тпуск _____.

   a на Крыму́

   b в Крым

   c в Крыму́

4 Welches der folgenden Wörter bezeichnet nicht zwei verschiedene Körperteile?

   a нога́

   b рука́

   c глаза́

5 Was heißt я могу́ говори́ть (об э́том)?

   a Ich kann nicht sprechen.

   b Ich kann (darüber) sprechen.

   c Ich kann (bin fähig zu) sprechen.

➔ *Auflösung*
Siehe nächste Seite

TAG
34

Auflösung:

1 a – 2 b – 3 c – 4 c – 5 b

Erfolgs-Check

Übung absolviert am:

	fiel mir leicht	möchte ich wiederholen
	↓	↓
....	☐	☐
....	☐	☐
....	☐	☐

Sotschi

Sotschi (**Со́чи**) ist einer der beliebtesten Bade- und Kurorte Russlands. Er erstreckt sich über 145 km entlang der nordöstlichen Küste des Schwarzen Meeres. Die für den Ort bekannten Sulfid-Chlorid-Natrium-Heilquellen werden seit Beginn des 20. Jahrhunderts genutzt. Die Stadt besitzt zahlreiche palastartige Sanatorien, Kurhotels und ehemalige Sommerhäuser des Adels. Die meisten Sanatorien wurden zur Behandlung für Bronchial-, Lungen-, und Nervenerkrankungen errichtet.

Klimatisch liegt Sotschi auf demselben Breitengrad wie Nizza und besitzt ein subtropisches Klima. Reizvoll ist der Kontrast des Meeres und der kaukasischen Berge. So kann man vom Strand aus auch im Sommer schneebedeckte Gipfel sehen.

Sotschi ist seit 2002 Standort des Internationalen Investitionsforums, das unter der Schirmherrschaft der russischen Regierung versucht, ausländische Investoren für Russland zu gewinnen. Aufgrund seiner Lage, nur 30 km entfernt von der abtrünnigen georgischen Provinz Abchasien, war Sotschi auch Schauplatz zahlreicher Verhandlungen und Vertragsschlüsse.

In Soloch Aul (**Солохау́л**), einem Dorf in der Nähe Sotschis, wird die berühmteste russische Teesorte, **Краснода́рский чай** angebaut. Soloch-Aul gilt als das nördlichste Teeanbaugebiet der Welt.

A. Adjektive: Was gehört zusammen?

1	креди́тная	a	пло́щадь
2	но́вый	b	кре́пость
3	золото́е	c	боле́знь
4	ую́тное	d	автомоби́ль кла́сса люкс
5	носово́й	e	го́ры
6	тяжёлая	f	кольцо́
7	Кра́сная	g	ка́рточка
8	высо́кие	h	плато́к
9	Петропа́вловская	i	кре́сло

B. Setzen Sie die passenden Endungen ein.

1 интере́сн_____ кни́га

2 высо́к_____ дом

3 ма́леньк_____ ребёнок

4 шко́льн_____ экску́рсия

5 туп_____ но́жницы

6 Мёртв_____ мо́ре

7 ста́р_____ часы́

8 хоро́ш_____ журна́л

9 дождли́в_____ пого́да

10 удиви́тельн_____ про́сьба

11 огро́мн_____ стадио́н

12 пунктуа́льн_____ мужчи́на

13 вку́сн_____ еда́

14 интере́сн_____ интервью́

15 кре́пк_____ ко́фе

16 ма́леньк_____ мышь

17 дли́нн_____ о́чередь

18 мо́дн_____ джи́нсы

➜ *Auflösung
Siehe nächste Seite*

TAG 36

Auflösung:

A. 1 g – 2 d – 3 f – 4 i – 5 h – 6 c –
7 a – 8 e – 9 b

B. 1 интере́сная кни́га
2 высо́кий дом
3 ма́ленький ребёнок
4 шко́льная экску́рсия
5 тупы́е но́жницы
6 Мёртвое мо́ре
7 ста́рые часы́
8 хоро́ший журна́л
9 дождли́вая пого́да
10 удиви́тельная про́сьба
11 огро́мный стадио́н
12 пунктуа́льный мужчи́на
13 вку́сная еда́
14 интере́сное интервью́
15 кре́пкий ко́фе
16 ма́ленькая мышь
17 дли́нная о́чередь
18 мо́дные джи́нсы

Erfolgs-Check

	fiel mir leicht	möchte ich wiederholen
Übung absolviert am:	↓	↓
....	☐	☐
....	☐	☐
....	☐	☐

A. Ordnen Sie die Gegenstände der richtigen Kategorie zu. Manche Gegenstände können in mehrere Zimmer passen.

умыва́льник – ва́нна – крова́ть / посте́ль – кни́жная по́лка – одея́ло – ками́н – холоди́льник – матра́с – печь – поду́шка – душ – дива́н – то́стер – телеви́зор – кре́сло – пи́сьменный стол – морози́лка

ва́нная	спа́льня	ку́хня	гости́ная	кабине́т

B. Finden Sie folgende Wörter außerhalb der Wohnung.

1	Balkon	б __ __ __ __ __
2	Garten	__ __ д
3	Garage	__ __ р __ __
4	Dach	__ __ __ ш __
5	Gewächshaus	__ __ __ __ __ __ а

➜ Auflösung
Siehe nächste Seite

TAG 37

Auflösung:

A. ва́нная: умыва́льник, ва́нна, душ

спа́льня: крова́ть / посте́ль, одея́ло, матра́с, поду́шка

ку́хня: умыва́льник, морози́лка, холоди́льник, печь, то́стер

гости́ная: кни́жная по́лка, ками́н, дива́н, телеви́зор, кре́сло

кабине́т: пи́сьменный стол, кни́жная по́лка

B. 1 балко́н **2** сад **3** гара́ж **4** кры́ша **5** тепли́ца

Erfolgs-Check

Übung absolviert am:

	fiel mir leicht ↓	möchte ich wiederholen ↓
-----------------------------------	☐	☐
-----------------------------------	☐	☐
-----------------------------------	☐	☐

A. Aspektpartner: In welchem der Sätze wird der imperfektive (ip) und in welchen der perfektive (p) Aspekt verwendet?

1	Она́ ему́ уже́ не́сколько раз говори́ла, что не лю́бит опозда́ния.	
2	«Так нельзя́!» – неожи́данно сказа́ла мне Людми́ла.	
3	За три ме́сяца он прочита́л всё тво́рчество Достое́вского.	
4	Он мно́го вре́мени проводи́л в больни́це, поэ́тому мно́го чита́л.	
5	Шко́льники ча́сто пи́шут в шко́ле.	
6	Шко́льник наконе́ц дописа́л сочине́ние.	

B. Ordnen Sie die Signalwörter aus dem Kasten einer Aspektart zu.

мно́го вре́мени – до́лго – ка́ждый час – ка́ждую мину́ту – сейча́с же – обы́чно – сра́зу – ежедне́вно – еженеде́льно – не́сколько раз – регуля́рно – за три ме́сяца – неожи́данно – внеза́пно – случа́йно – впервы́е – ка́ждый день – вдруг – момента́льно – ча́сто – всегда́ – в одну́ мину́ту – ка́ждый год – оконча́тельно – це́лыми дня́ми – за два дня – наконе́ц – всё лу́чше и лу́чше

imperfektiver Aspekt (unvollendet)	perfektiver Aspekt (vollendet)

➡ *Auflösung
Siehe nächste Seite*

TAG 38

Auflösung:

A. 1 ip – 2 p – 3 p – 4 ip – 5 ip – 6 p

B. imperfektiver: ка́ждый день, ка́ждый год, ка́ждый час, ка́ждую мину́ту, обы́чно, ча́сто, всегда́, ежедне́вно, еженеде́льно, це́лыми дня́ми, всё лу́чше и лу́чше, не́сколько раз, мно́го вре́мени, до́лго, регуля́рно
perfektiver: вдруг, неожи́данно, внеза́пно, случа́йно, впервы́е, сейча́с же, момента́льно, в одну́ мину́ту, оконча́тельно, сра́зу, за два дня, за три ме́сяца, наконе́ц

Erfolgs-Check ✎

Übung absolviert am:

	fiel mir leicht ↓	möchte ich wiederholen ↓
----------------------------------	☐	☐
----------------------------------	☐	☐
----------------------------------	☐	☐

A. Hier sind neun Obstsorten verborgen. Streichen Sie jeden zweiten Buchstaben, um das Obst zu entdecken. Ergänzen Sie die Betonungszeichen.

1 яибщлуоткьо   _____

2 бюацняажн   _____

3 ацпыемлоьюсхижн   _____

4 ляиьмсойн   _____

5 гёрщуешба   _____

6 кьлуьщбоныиакга   _____

7 вфиянзокгьрнапд   _____

8 салфирвна   _____

9 анрвбкугз   _____

B. In der Wortschlange sind 9 Gemüsesorten versteckt. Notieren Sie sie mit den Betonungszeichen.

перецгорошекгрибпомидор
огурецбобкукурузацукинитыква

→ *Auflösung
Siehe nächste Seite*

**TAG
39**

Auflösung:

A. **1** я́блоко – **2** бана́н – **3** апельси́н –
4 лимо́н – **5** гру́ша – **6** клубни́ка –
7 виногра́д – **8** сли́ва – **9** арбу́з

B. пе́рец – горо́шек – гриб – помидо́р –
огуре́ц – боб – кукуру́за – цуки́ни –
ты́ква

Erfolgs-Check

Übung absolviert am:	fiel mir leicht ↓	möchte ich wiederholen ↓
----------------------------------	☐	☐
----------------------------------	☐	☐
----------------------------------	☐	☐

A. Wie war das Wetter? Ergänzen Sie die Ausdrücke.

был – была́ – бы́ло (2×) – дул – свети́ло – шёл (2×)

1 _____ тума́н

5 _____ ве́тер

2 _____ дождь

6 _____ со́лнце

3 _____ тепло́

7 _____ снег

4 _____ гроза́

8 _____ хо́лодно

B. Ordnen Sie die Ausdrücke aus A. den Bildern zu.

  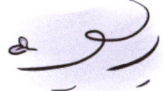 

a _____   **b** _____   **c** _____   **d** _____

e _____   **f** _____   **g** _____   **h** _____

C. Setzen Sie die passenden Personalpronomen ein.

1 _____ замёрзла. (я)

2 _____ жа́рко. (он)

3 _____ хо́лодно. (они́)

4 _____ ду́шно. (я)

➜ Auflösung
Siehe nächste Seite

TAG 40

Auflösung:

A. **1** был **2** шёл **3** бы́ло **4** была́
  5 дул **6** свети́ло **7** шёл **8** бы́ло

B. **a** 6 – **b** 7 – **c** 5 – **d** 4
  e 1 – **f** 3 – **g** 2 – **h** 8

C. **1** Я – **2** Ему́ – **3** Им – **4** Мне

Erfolgs-Check

	fiel mir leicht	möchte ich wiederholen
Übung absolviert am:	↓	↓
------------------------------------	☐	☐
------------------------------------	☐	☐
------------------------------------	☐	☐

Was haben Sie diese Woche geübt? Testen Sie sich!

1 Zu welchem der folgenden Wörter passt das Adjektiv большáя?

    a городá

    b мышь

    c мóре

2 Was passt nicht ins Badezimmer?

    a душ

    b умывáльник

    c морозѝлка

3 Welcher der folgenden Ausdrücke betont das Ergebnis der Handlung?

    a онá говорѝла

    b он прочитáл

    c онѝ пѝшут

4 Welche der folgenden Wortreihen enthält nur Obstsorten?

    a банáн – арбýз – лимóн

    b цукѝни – пéрец – ты́ква

    c грýша – гриб – огурéц

5 Bei welchem Wetter kann man den Regenschirm nicht zu Hause lassen?

    a свéтит сóлнце

    b дýет вéтер

    c идёт дождь

➔ *Auflösung*
Siehe nächste Seite

TAG
41

Auflösung:

1 b – 2 c – 3 b – 4 a – 5 c

Erfolgs-Check

Übung absolviert am:

	fiel mir leicht	möchte ich wiederholen
....	☐	☐
....	☐	☐
....	☐	☐

Russische Küche

Die Russische Küche gilt vielen als üppig und fettreich. Für manche Gerichte mag das durchaus stimmen, aber russische Küche ist vor allem eines: vielseitig.

Russland hat viele typische Speisen und Rezepte der verschiedenen Völker übernommen, die innerhalb seiner Grenzen wohnen. So lernte man von den Skythen und Griechen die Teigzubereitung mit Hefe, aus China kam der Tee und aus dem Ural die bekannten Pelmeni (**пельме́ни**). Die berühmte Rote-Beete-Suppe Borschtsch (**борщ**) war ursprünglich ein ukrainisches Nationalgericht. Auch die beliebten Krautrouladen (**голубцы́**) sind eine traditionelle westslawische Spezialität. Zentralasien steuerte Manti (**манты́**), Pilaw (**плов**) und Schaschlik (**шашлы́к**) bei. Der aus Zentralasien stammende Buchweizen (**гречи́ха**) findet sich auf russischen Speisekarten häufig, sei es als Beilage zu Fisch oder Fleisch oder, in Form der berühmten Buchweizengrütze (**гре́чневая ка́ша / гре́чка**), als eigenständiges Hauptgericht.

Sehr typisch ist der Start eines festlichen Essens mit zahlreichen kalten Vorspeisen, den so genannten **заку́ски**. Vor allem im Restaurant bestellt man zum Wodka kleine Vorspeisen.

Die Pfannkuchen (**блины́**) mit Kaviar (**икра́**), die in zahlreichen Reiseführern erwähnt werden, entlocken den meisten Russen ein Lächeln und einen Kommentar über das Essen aus der Zarenzeit. Moderne Russen orientieren sich lieber an internationalen Essgewohnheiten.

Welcher der beiden russischen Sätze entspricht jeweils der deutschen Übersetzung?

1 Als sie die Fotos ansah, begann Jana an ihre Mutter zu denken.

   a Смотря́ на фотогра́фии, Я́на ста́ла ду́мать о ма́тери.

   b Посмотре́в на фотогра́фии, Я́на ста́ла ду́мать о ма́тери.

2 Nachdem er die Zeitung gelesen hatte, rauchte Wanja eine Zigarette.

   a Чита́я газе́ту, Ва́ня кури́л сигаре́ту.

   b Прочита́в газе́ту, Ва́ня закури́л сигаре́ту.

3 Während Tim nach Hause ging, traf er Rita.

   a Идя́ домо́й, Тим встре́тил Ри́ту.

   b Придя́ домо́й, Тим встре́тил Ри́ту.

4 Nein, sagte ich errötend.

   a "Нет", – сказа́л я, красне́я.

   b "Нет", – сказа́л я, прокрасне́в.

➜ *Auflösung*
Siehe nächste Seite

TAG 43

Auflösung:

1 a – 2 b – 3 a – 4 a

Erfolgs-Check

Übung absolviert am:

	fiel mir leicht	möchte ich wiederholen
----------------------------------	☐	☐
----------------------------------	☐	☐
----------------------------------	☐	☐

Falsche Freunde: Finden Sie die Fehler und verbessern Sie sie.

1 У меня́ больша́я фами́лия: че́тверо дете́й и жена́.

_____

2 Он сингл.

_____

3 Пикассо́ – знамени́тый маля́р.

_____

4 Нам на́до запра́виться, у нас пусто́й танк.

_____

5 Оцени́те Ва́ше настрое́ние на да́нный моме́нт по скале́ от 1 до 10.

_____

6 Сейча́с в Москве́ о́коло 10 гра́дов.

_____

7 Мы хоти́м посмотре́ть Кёльнский дом.

_____

8 Я люблю́ пить кафе́.

_____

➔ *Auflösung*
Siehe nächste Seite

TAG 44

Auflösung:

1 У меня́ больша́я семья́: че́тверо дете́й и жена́.
2 Он холосто́й.
3 Пикассо́ – знамени́тый худо́жник.
4 Нам на́до запра́виться, у нас пусто́й бак.
5 Оцени́те Ва́ше настрое́ние на да́нный моме́нт по шкале́ от 1 до 10.
6 Сейча́с в Москве́ о́коло 10 гра́дусов.
7 Мы хоти́м посмотре́ть Кёльнский собо́р.
8 Я люблю́ пить ко́фе.

Erfolgs-Check

Übung absolviert am:	fiel mir leicht ↓	möchte ich wiederholen ↓
....	☐	☐
....	☐	☐
....	☐	☐

Setzen Sie das Relativpronomen im richtigen Fall in die Lücken ein.

кото́рый – кото́рая – кото́рое – кото́рые

1 Мужчи́на, _____ кури́л, поста́вил буты́лку пи́ва на сто́йку ба́ра.

2 Э́то ещё одна́ пробле́ма, _____ придётся реша́ть.

3 В росси́йской поли́тике сейча́с нет тако́й па́ртии, в _____ я бы вступи́ла.

4 Мы до́лго де́лали ремо́нт в на́шей кварти́ре, _____ купи́ли два го́да наза́д.

5 Мне ва́жно поня́ть при́нцип, по _____ рабо́тают техноло́гии светодио́дов.

6 Интона́ция, с _____ ты говори́шь, звучи́т стра́нно.

7 Для челове́ка, _____ хо́чется чу́вствовать себя́ незави́симым, э́та ситуа́ция о́чень тру́дная.

8 У э́той ча́стной шко́лы о́чень высо́кий идеа́л, к _____ шко́льникам ну́жно стреми́ться.

9 Кварти́ра, в _____ я живу́, дово́льно дорога́я.

10 Невероя́тно! Я вчера́ це́лый час говори́ла с челове́ком, _____ я соверше́нно не зна́ю и _____ я никогда́ не звони́ла.

➔ *Auflösung
Siehe nächste Seite*

TAG
45

Auflösung:

1 кото́рый
2 кото́рую
3 кото́рую
4 кото́рую
5 кото́рому
6 кото́рой
7 кото́рому
8 кото́рому
9 кото́рой
10 кото́рого, кото́рому

Erfolgs-Check

	fiel mir leicht ↓	möchte ich wiederholen ↓
Übung absolviert am:		
-----------------------------	☐	☐
-----------------------------	☐	☐
-----------------------------	☐	☐

A. Welches Tier passt nicht in die Reihe?

1 кома́р – му́ха – пчела́ – пти́ца

2 ло́шадь – леопа́рд – коро́ва – свинья́

3 соба́ка – кот – слон – хомя́к

4 лев – волк – медве́дь – лиса́

**B. Kennen Sie diese feststehenden Ausdrücke?
Ergänzen Sie die fehlenden Tiere.**

> волк – му́хи – о́вцы – цыпля́т

1 быть голо́дным, как _____

2 де́лать из _____ слона́

3 _____ по о́сени счита́ют.

4 И во́лки сы́ты, и _____ це́лы.

➜ *Auflösung
Siehe nächste Seite*

TAG 46

Auflösung:

A. **1** пти́ца **2** леопа́рд **3** слон **4** лев

B. **1** быть голо́дным, как волк (hungrig wie ein Wolf sein = einen Bärenhunger haben)

2 де́лать из му́хи слона́
(aus einer Fliege einen Elefanten machen = aus einer Mücke einen Elefanten machen)

3 Цыпля́т по о́сени счита́ют.
(Die Küken werden im Herbst gezählt. = Man soll den Tag nicht vor dem Abend loben.)

4 И во́лки сы́ты, и о́вцы це́лы.
(Die Wölfe sind satt und die Schafe unversehrt. = Es gab einen Kompromiss.)

Erfolgs-Check

	fiel mir leicht	möchte ich wiederholen
Übung absolviert am:	↓	↓
-----------------------------------	☐	☐
-----------------------------------	☐	☐
-----------------------------------	☐	☐

Suchen Sie im Buchstabenquadrat die Verben der Bewegung und ordnen Sie sie in die Tabelle ein. Ergänzen Sie die Übersetzungen.

Н	Ш	С	Р	Р	Л	З	Б	И	Т	Д	И
Е	Е	Е	Ч	Е	Ш	Ю	Й	К	Е	Р	И
Х	Ц	Ь	Т	Ь	Т	И	Д	О	Х	Г	М
А	Х	А	Т	Е	З	Д	И	Т	Ь	Ы	О
Т	Т	О	Л	И	Т	М	П	Б	Т	В	К
Ь	Д	И	Х	С	Д	В	Л	Е	Е	Е	И
В	О	З	И	Т	Ь	О	А	Ж	Т	З	Н
Ф	Е	Ы	Ч	Т	У	П	В	А	Е	Т	Е
Б	Э	С	И	Я	Л	Ы	А	Т	Л	И	С
А	О	С	Т	Ы	Ф	Ф	Т	Ь	Н	Ы	Т
Э	О	В	Т	И	Н	О	Ь	З	Д	Т	И
Н	Т	Ь	Б	Б	Ю	Б	Е	Г	А	Т	Ь

Zielgerichtet	Nicht zielgerichtet	Übersetzung

➡ *Auflösung
Siehe nächste Seite*

TAG 47

Auflösung:

Zielgerichtet:
идти́, éхать, лете́ть, плыть, бежа́ть, нести́, вести́, везти́

Nicht zielgerichtet:
ходи́ть, éздить, лета́ть, пла́вать, бéгать, носи́ть, води́ть, вози́ть

Übersetzung:
идти́/ходи́ть – gehen
éхать/éздить – fahren
лете́ть/лета́ть – fliegen
плыть/пла́вать – schwimmen
бежа́ть/бéгать – laufen
нести́/носи́ть – tragen
вести́/води́ть – führen
везти́/вози́ть – bringen

Erfolgs-Check

	fiel mir leicht	möchte ich wiederholen
Übung absolviert am:	↓	↓
....	☐	☐
....	☐	☐
....	☐	☐

Was haben Sie diese Woche geübt? Testen Sie sich!

1 Welche Übersetzung ist korrekt?
Als sie in der Bibliothek arbeitete, fand sie ein altes Manuskript.

a Рабо́тающая в библиоте́ке, она́ нашла́ ста́рую ру́копись.

b Рабо́тая в библиоте́ке, она́ нашла́ ста́рую ру́копись.

c Рабо́тав в библиоте́ке, она́ нашла́ ста́рую ру́копись.

2 Welcher Satz ist korrekt?

a Моя́ семья́ – Мю́ллер.

b Моя́ фами́лия – Мю́ллер.

c Моё и́мя – Мю́ллер.

3 Fügen Sie das richtige Relativpronomen ein:
Я хоте́л познако́миться с же́нщиной, _____ я могу́ люби́ть.

a кото́рую

b кото́рой

c кото́рая

4 Ви́ктор Пеле́вин schrieb 1993 den Roman Жи́знь насеко́мых (Das Leben der Insekten). Über welches Tier werden Sie vermutlich im Buch nichts lesen können?

a пчела́

b слон

c кома́р

5 Wie sagt man auf Russisch *Ich kann nicht schwimmen*?

a Я не уме́ю поплы́ть.

b Я не уме́ю плыть.

c Я не уме́ю пла́вать.

➔ *Auflösung*
Siehe nächste Seite

TAG 48

Auflösung:

1 b – 2 b – 3 a – 4 b – 5 c

Erfolgs-Check

Übung absolviert am:

	fiel mir leicht ↓	möchte ich wiederholen ↓
....	☐	☐
....	☐	☐
....	☐	☐

Religion

In der Sowjetunion war es lange Zeit praktisch unmöglich, Religion offen zu praktizieren. Mittlerweile bezeichnen sich über die Hälfte der Russen als russisch-orthodoxe Christen, einige als Moslems, ca. 10 % als Atheisten und ein geringer Prozentsatz praktiziert buddhistische oder schamanistische Riten.

Die Russisch-Orthodoxe Kirche (**Рýсская Правослáвная Цéрковь**) bestimmt seit der Taufe des Großfürsten Wladimir I. 987 maßgeblich die Geschichte des Landes. Der Legende nach ließ Wladimir aus Konstantinopel Gesandte des römisch geprägten Christentums, des Islams und des orthodoxen Christentums nach Kiew kommen und ihre Religionen bewerben. Den Islam lehnte Wladimir aufgrund des Alkoholverbots strikt ab. An den katholischen Gottesdiensten kritisierte er, dass sie das Paradies nicht so lebendig erscheinen ließen, wie es beim orthodoxen Ritus der Fall sei.

Orthodoxe Gottesdienste werden bis heute in einer alten slawischen Literatursprache, dem Kirchenslawischen (**Церковнославя́нский язы́к**), abgehalten. Auch Ikonen werden in dieser Sprache beschriftet. Der bekannteste Ikonenmaler, Andrei Rubljow (**Андрéй Рублёв**), lebte im 14./15. Jahrhundert. Sein Leben wurde 1969 von dem bekannten sowjetischen Regisseur Andrei Tarkowski (**Андрéй Таркóвский**) unter dem Titel *Andrej Rubljow* verfilmt.

Wo befindet sich die Katze?
Bilden Sie Sätze und achten Sie auf den richtigen Fall.

Кóшка нахóдится …

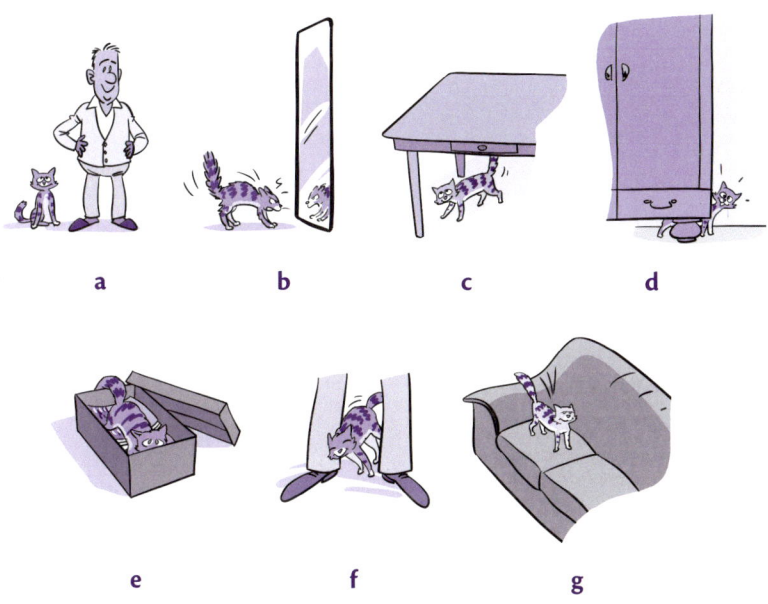

    a   **b**   **c**   **d**

    e   **f**   **g**

→ *Auflösung*
Siehe nächste Seite

TAG 50

Auflösung:

a ря́дом с челове́ком
b пе́ред зе́ркалом
c под столо́м
d за шка́фом
e в коро́бке
f ме́жду нога́ми челове́ка
g на дива́не

Erfolgs-Check

Übung absolviert am:	fiel mir leicht ↓	möchte ich wiederholen ↓
....	☐	☐
....	☐	☐
....	☐	☐

A. Setzen Sie die in Klammern angegebenen Verben in die Vergangenheit.

Лара: Привѐт, Дѐрис! Привѐт, Ник! Вы хорошѐ выѐглядите.

Так _____ (загорѐть). Как вы _____

(провестиѐ) лѐто?

Дѐрис: Мы _____ (быть) в Крымуѐ и нам там ѐчень

_____ (понрѐвиться).

Ник: Да, мы чѐсто _____ (лежѐть) на пляѐже,

_____ (загорѐть), _____ (купѐться) и

_____ (строѐить) с детьмиѐ зѐмки из пескѐ.

Дѐрис: Тѐкже я _____ (ходиѐть) в теѐтр,

_____ (смотрѐть) стѐрые дворцыѐ,

_____ (быть) в музѐях и так дѐлее.

Ник: Дѐтям тѐже _____ (понрѐвиться). Ониѐ ѐчень

_____ (любиѐть) осмѐтривать стѐрые дворцыѐ с нѐми.

Дѐрис: Ник одиѐн раз дѐже _____ (взять) велосипѐды

напрокѐт и _____ (поѐхать) с ниѐми в гѐры.

Ник: Ониѐ прѐсто _____ (наслаждѐться)

поѐздкой со мнѐй.

→ *Auflösung
Siehe nächste Seite*

TAG 51

Auflösung:

загоре́ли – провели́ – бы́ли –
понра́вилось – лежа́ли – загора́ли –
купа́лись – стро́или – ходи́ла – смотре́ла –
была́ – понра́вилось – люби́ли – взял –
пое́хал – наслажда́лись

Erfolgs-Check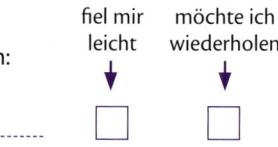

Übung absolviert am:

	fiel mir leicht ↓	möchte ich wiederholen ↓
-----------------------------------	☐	☐
-----------------------------------	☐	☐
-----------------------------------	☐	☐

Geschäfte: Lösen Sie das Kreuzworträtsel.

Senkrecht:
1 Вам ну́жен буке́т? Иди́те в _____ магази́н!
2 Большо́й универса́льный магази́н: _____
3 Сино́ним э́того сло́ва – база́р: _____
6 Там вы мо́жете купи́ть почто́вые ма́рки, конве́рты и откры́тки: _____

Waagerecht:
2 Тури́сты там ку́пят пода́рки и́ли ве́щи на па́мять об о́тпуске: магази́н _____
4 Там мо́жно купи́ть лека́рства: _____
5 Ма́ленький до́мик на у́лице, где мо́жно купи́ть напи́тки, заку́ски, жва́чки, сигаре́ты и про́чее: _____
6 Там продаю́т хлеб, бу́лочки и пече́нье: _____
7 «Дом Кни́ги» – популя́рное назва́ние для э́тих магази́нов: _____ магази́н
8 Там покупа́ют таба́к и сигаре́ты: _____ магази́н

→ *Auflösung*
Siehe nächste Seite

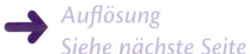

TAG
52

Auflösung:

Senkrecht:
1 цвето́чный – **2** суперма́ркет –
3 ры́нок – **6** по́чта
Waagerecht:
2 сувени́ров – **4** апте́ка – **5** кио́ск –
6 пека́рня – **7** кни́жный – **8** таба́чный

Erfolgs-Check

	fiel mir leicht ↓	möchte ich wiederholen ↓
Übung absolviert am:		
-----------------------------------	☐	☐
-----------------------------------	☐	☐
-----------------------------------	☐	☐

A. Bringen Sie das Telefongespräch in die richtige Reihenfolge.

a		Давáйте я запишý Вáше и́мя и Ваш нóмер телефóна.
b		Здрáвствуйте! А Вáня дóма?
c		Пусть он позвони́т мне, когдá вернётся.
d		Я дýмаю, что он вернётся чéрез три часá.
e		Однý минýту, я его́ позовý. Вáня!!! Кáжется, он ужé вы́шел.
f		Хорошó. Чéрез три часá я бýду дóма. Он мóжет дозвони́ться до меня́.
g		Аллó.

B. Wie fragt man nach einer Person am Telefon?
Kreuzen Sie die korrekten Sätze an.

a		Могý я поговори́ть с И́рой?
b		Э́то Алексáндр Алексéевич. Могý я поговори́ть с Алексéем Петрóвичем?
c		Однý минýточку, я его́ позовý.
d		Я хотéла бы поговори́ть с Мари́ной.
e		Хмм, э́тот телефóн зáнят.
f		А Лáру мóжно?
g		Извини́те, а кто э́то говори́т?
h		А Поли́на дóма? Э́то Тамáра говори́т.

→ *Auflösung*
Siehe nächste Seite

TAG 53

Auflösung:

A. **a** 7 – **b** 2 – **c** 4 – **d** 5 – **e** 3 – **f** 6 – **g** 1
B. a – b – d – f – h

Erfolgs-Check

Übung absolviert am:

	fiel mir leicht	möchte ich wiederholen
	↓	↓
------------------------------------	☐	☐
------------------------------------	☐	☐
------------------------------------	☐	☐

A. Adjektive – Kurz- und Langformen:
Übersetzen Sie die folgenden Ausdrücke ins Deutsche.

1 больна́я Ли́нда – Ли́нда больна́

_____

2 холо́дный ко́фе – ко́фе хо́лоден

_____

3 но́вое кино́ – кино́ но́во

_____

4 интере́сная кни́га – кни́га интере́сна

_____

B. Übersetzen Sie die folgenden Ausdrücke ins Russische.

1 eine schwierige Aufgabe – die Aufgabe ist schwierig

_____

2 ein starker Tee – der Tee ist stark

_____

3 eine breite Straße – die Straße ist breit

_____

4 schöne Blumen – die Blumen sind schön

_____

➔ Auflösung
Siehe nächste Seite

TAG 54

Auflösung:

A. **1** die kranke Linda – Linda ist krank

2 kalter Kaffee – der Kaffee ist kalt

3 ein neues Kino – das Kino ist neu

4 ein interessantes Buch – das Buch ist interessant

B. **1** трýдное задáние – задáние трýдно

2 крéпкий чай – чай крéпок

3 широ́кая ýлица – ýлица широкá

4 краси́вые цветы́ – цветы́ краси́вы

Erfolgs-Check

Übung absolviert am:

	fiel mir leicht	möchte ich wiederholen
-----------------------------------	☐	☐
-----------------------------------	☐	☐
-----------------------------------	☐	☐

Was haben Sie diese Woche geübt? Testen Sie sich!

1 Welche Übersetzung ist korrekt?
Lara stand in der Schlange vor dem Nachbarn.

  a Ла́ра стоя́ла в о́череди пе́ред сосе́дом.

  b Ла́ра стоя́ла в о́череди за сосе́дом.

  c Ла́ра стоя́ла в о́череди ме́жду сосе́дями.

2 Setzen Sie die korrekte Form ein: Ва́ня _____ **но́вую кни́гу.**

  a купи́ло

  b купи́л

  c купи́ла

3 Ergänzen Sie den folgenden Satz sinnvoll. Я ча́сто де́лаю поку́пки _____. **Там продаю́т экологи́чески чи́стые проду́кты.**

  a на ры́нке

  b в кни́жном магази́не

  c на по́чте

4 Wie kann man erklären, dass Ludmila nicht da ist?

  a Его́ нет.

  b Она́ уже́ вы́шла.

  c Он ещё не пришёл.

5 Übersetzen Sie: *enge (nahe) Freunde – die Freunde sind eng (nah)*

  a бли́зкие друзья́ – друзья́ близки́е

  b друзья́ бли́зки – близки́е друзья́

  c бли́зкие друзья́ – друзья́ близки́

➔ *Auflösung*
Siehe nächste Seite

TAG
55

Auflösung:

1 a – 2 b – 3 a – 4 b – 5 c

Erfolgs-Check

Übung absolviert am:

	fiel mir leicht ↓	möchte ich wiederholen ↓
....	☐	☐
....	☐	☐
....	☐	☐

Russische Musik

Wer kennt sie nicht, die Kosakenchöre, die Klassiker wie **«Кали́нка»** weltweit bekannt gemacht haben? Wer hat noch nicht von Taschaikowskijs (**Чайко́вский**) Schwanensee **«Лебеди́ное Óзеро»** oder Nussknacker **«Щелку́нчик»** gehört?

Dabei hat die russische Musik noch viel mehr zu bieten. Die Sowjetzeit brachte die sogenannten **áвторские пéсни** oder **бáрдовская му́зыка** hervor. Dabei sangen „Barden" (**бáрды**) ihre oft selbst verfassten, kritischen Lieder zur Gitarrenbegleitung. Die bekanntesten dieser Barden sind **Була́т Окуджа́ва** und **Влади́мир Высо́цкий**.

Áлла Пугачёва ist die Grande Dame der russischen Popmusik, deren Lieder oft von der **эстра́да**, der sowjetischen Unterhaltungsmusik, beeinflusst sind. In Russland ist auch Rockmusik sehr beliebt, deren bekannteste Interpreten oft schon seit Jahren die musikalische Szene mitbestimmen: **«Маши́на вре́мени»**, **«Аква́риум»**, **«Nautilus Pompilius»** und **«Кино́»**, um nur einige zu nennen.

Besonders verdiente Künstler wurden zu Zeiten der Sowjetunion mit dem Titel **«Наро́дный арти́ст СССР»** bedacht. Die heutige Russische Föderation verleiht den Titel **«Наро́дный арти́ст Росси́йской Федера́ции»**.

Auch in zahlreichen russischen Filmen spielt Musik eine große Rolle. Meistens lohnt es sich, bei den Texten genau hinzuhören – nicht nur um die Sprache besser zu lernen, sondern weil die Texte oft interessant sind und in Filmen gezielt als Gestaltungsmittel eingesetzt werden.

Besteck und Geschirr: Entschlüsseln Sie die Geheimschrift mithilfe des russischen Alphabets.

1 уфвмвп _____

2 окумв _____

3 нримв _____

4 дкнмв _____

5 увнцжфмв _____

6 при _____

7 гнаёшж _____

8 щвъмв _____

9 фвтжнмв _____

➜ *Auflösung
Siehe nächste Seite*

Auflösung:

Die Buchstaben sind im Alphabet um zwei
Stellen nach hinten verschoben worden.

1 стака́н **2** ми́ска **3** ло́жка **4** ви́лка
5 салфе́тка **6** нож **7** блю́дце **8** ча́шка
9 таре́лка

Erfolgs-Check

	fiel mir leicht	möchte ich wiederholen
Übung absolviert am:	↓	↓
....	☐	☐
....	☐	☐
....	☐	☐

Ordnungszahlen: Erkennen Sie die durchgeschüttelten Wörter?

1 На литерату́рном ко́нкурсе Я́на заняла́ **ертте́ь** ме́сто.

   _____

2 В про́шлом году́ я жени́лся во **твйо́ор** раз.

   _____

3 Смирно́вы живу́т на **я́птом** этаже́.

   _____

4 Ви́ктор пра́зднует свой **я́ееисмдстый** день

   рожде́ния.   _____

5 На э́ту вечери́нку я пришла́ **е́првой**.

   _____

6 На э́той у́лице живёт мой дя́дя. В **ея́вдтом** до́ме сле́ва.

   _____

7 Нет, **я́есдтый** блин есть нельзя́. Тебе́ ста́нет пло́хо.

   _____

8 Говоря́т, что э́тот высо́кий небоскрёб – как **ьо́освме** чу́до све́та.

   _____

9 Ты уже́ прочита́л **ы́етчрнадцатую** главу́?

   _____

10 Наш **йяиеы́нядчтсыст** клие́нт получа́ет приз – но́вый не́тбук.

   _____

*Auflösung
Siehe nächste Seite*

TAG 58

Auflösung:

1 тре́тье – **2** второ́й – **3** пя́том –
4 семидеся́тый – **5** пе́рвой – **6** девя́том –
7 деся́тый – **8** восьмо́е –
9 четы́рнадцатую – **10** десятиты́сячный

Erfolgs-Check

	fiel mir leicht	möchte ich wiederholen
Übung absolviert am:	↓	↓
----------------------------------	☐	☐
----------------------------------	☐	☐
----------------------------------	☐	☐

A. Verbpräfixe: Ordnen Sie die Präfixe den Übersetzungen zu.

1	с	a	hinein
2	в	b	hinaus
3	про	c	hinunter
4	до	d	(hin)über
5	вы	e	auseinander
6	пере	f	hin
7	раз/рас	g	vorbei, entlang

B. Setzen Sie die fehlenden Präfixe in die Lücken.

до- в- вы- пере- про- с- раз-/рас-

1 Вчера́ я ви́дел, как Ла́ра _____ходи́ла в теа́тр.

2 Я _____пры́гнула со ступе́нек ваго́на на зе́млю.

3 Ма́льчик _____е́хал ми́мо музе́я на велосипе́де.

4 _____ошли́ люде́й во все сто́роны.

5 _____йди́те че́рез мост и сра́зу уви́дите ста́рый го́род.

6 Посиди́ пока́ здесь. Не _____ходи́ на у́лицу!

7 Полице́йские _____гна́ли разбо́йника.

→ Auflösung
Siehe nächste Seite

TAG
59

Auflösung:

A. **1** c – **2** a – **3** g – **4** f – **5** b – **6** d – **7** e

B. **1** входи́ла

    2 спры́гнула

    3 прое́хал

    4 Разошли́

    5 Перейди́те

    6 выходи́

    7 догна́ли

Erfolgs-Check

Übung absolviert am:

	fiel mir leicht	möchte ich wiederholen
....	☐	☐
....	☐	☐
....	☐	☐

Übersetzen Sie die folgenden Sätze mit den Modalausdrücken:

на́до – ну́жен(-а,-о,-ы) – нельзя́ – до́лжен(-а,-о,-ы)

1 Sie hätten etwas essen sollen.

_____

2 Als die Iwanows ein Haus kaufen wollten, brauchten sie Geld.

_____

3 Sie sollten sich gut benehmen.

_____

4 Hier darf man keinen Krach machen!

_____

5 Mascha wird Hilfe brauchen.

_____

6 Sie dürfen nichts Fettes essen.

_____

7 Ich brauche ein neues Notebook.

_____

8 Das ist etwas, das jeder Mensch wissen sollte.

_____

➜ *Auflösung*
Siehe nächste Seite

TAG
60

Auflösung:

1 Им на́до бы́ло бы пое́сть.
2 Когда́ Ивано́вы хоте́ли купи́ть дом, им
  ну́жны бы́ли де́ньги.
3 Вы должны́ хорошо́ себя́ вести́.
4 Здесь нельзя́ шуме́ть!
5 Ма́ше нужна́ бу́дет по́мощь.
6 Ва́м нельзя́ есть жи́рное.
7 Мне ну́жен но́вый ноутбу́к.
8 Э́то то, что до́лжен знать ка́ждый
  челове́к.

Erfolgs-Check

Übung absolviert am:

	fiel mir leicht ↓	möchte ich wiederholen ↓
-----------------------------------	☐	☐
-----------------------------------	☐	☐
-----------------------------------	☐	☐

Fragen Sie nach den markierten Satzteilen.

1 Бага́ж Мари́и ещё стои́т в коридо́ре.

Чей бага́ж стои́т в коридо́ре?

2 Из совреме́нных писа́телей мне нра́вятся Аку́нин, Мари́нина и Пеле́вин.

_____

3 Пу́шкин написа́л «По́вести Бе́лкина».

_____

4 Все мечта́ют о любви́.

_____

5 Джон хо́чет стать инжене́ром.

_____

6 Ири́на Па́вловна говори́т с сосе́дом.

_____

7 Я встре́тила своего́ бу́дущего му́жа, Серге́я, ещё в де́тском саду́.

_____

8 Мои́ де́ти лю́бят посмотре́ть слоно́в в зоопа́рке.

_____

➜ *Auflösung*
Siehe nächste Seite

TAG 61

Auflösung:

2 Кому́ нра́вятся Аку́нин, Мари́нина и Пеле́вин?

3 Кто написа́л «По́вести Бе́лкина»?

4 О чём мечта́ют все?

5 Кем хо́чет стать Джон?

6 С кем говори́т Ири́на Па́вловна?

7 Кого́ я встре́тила ещё в де́тском саду́?

8 Где де́ти лю́бят посмотре́ть слоно́в?

Erfolgs-Check

	fiel mir leicht	möchte ich wiederholen
Übung absolviert am:	↓	↓
....	☐	☐
....	☐	☐
....	☐	☐

Was haben Sie diese Woche geübt? Testen Sie sich!

1 Im Russischen sagt man nicht „fliegende Untertasse", sondern „fliegender Teller". Welcher der folgenden Ausdrücke ist also korrekt?

   a лета́ющая таре́лка

   b лета́ющая ми́ска

   c лета́ющая ви́лка

2 Welche Zahl ist richtig? В 2011-ом году́ в Узбекиста́не пра́здновали 20. День Незави́симости.

   a двадца́тый

   b девятна́дцатый

   c деся́тый

3 Welches Verb passt? Он ме́дленно _____ че́рез ре́ку по мосту́.

   a вы́шел

   b перешёл

   c дошёл

4 Welcher Modalausdruck passt? *Oma, kann ich ein Stück Schokolade haben?*

   a Ба́бушка, нельзя́ брать кусо́чек шокола́да?

   b Ба́бушка, на́до брать кусо́чек шокола́да?

   c Ба́бушка, мо́жно я возьму́ кусо́чек шокола́да?

5 Welches Fragewort ist korrekt? *Wen hast du gestern getroffen?*

   a Кто?

   b Кому́?

   c Кого́?

*Auflösung
Siehe nächste Seite*

TAG 62

Auflösung:

1 a – 2 a – 3 b – 4 c – 5 c

Erfolgs-Check

	fiel mir leicht	möchte ich wiederholen
Übung absolviert am:	↓	↓
....	☐	☐
....	☐	☐
....	☐	☐

Die Transsibirische Eisenbahn

Die Transsibirische Eisenbahn (**Транссибирская железнодорожная магистраль** oder **Транссиб**) gilt als längste durchgehende Eisenbahnstrecke der Welt und ist nach wie vor eine von Russlands Hauptverkehrsachsen.

1891 wurde mit den Bauarbeiten begonnen, um die weiten Landstriche östlich des Urals zu erschließen. Wegen der riesigen Distanzen wurde an mehreren Streckenabschnitten gleichzeitig gebaut. Die Bauarbeiten fanden oft unter extremen klimatischen und logistischen Bedingungen statt, die zahlreichen Bauarbeitern das Leben kosteten. Erst 1916 wurde die Transsib mit der Amurbrücke offiziell fertiggestellt. Der zweispurige Ausbau der Strecke wurde schließlich nach dem Zweiten Weltkrieg abgeschlossen.

Hier sind einige weitere Eckdaten zur Eisenbahn:

♦ Von Moskau nach Wladiwostok sind es 9.288 Kilometer.
♦ Der Zug fährt durch 2 Kontinente (Europa und Asien) und 7 Zeitzonen.
♦ Eine Reise ohne Zwischenaufenthalte dauert 6 Tage.
♦ 89 russische Städte liegen direkt an der Strecke.
♦ 207 Kilometer fährt man entlang des Baikalsees.

Die Transsib führt durch zahlreiche interessante Städte und Landschaften Russlands, sodass es sich lohnt, einige Tage für Zwischenstopps einzuplanen.

A. Ergänzen Sie das Grundwort in der korrekten Form.

1 кусóчек _____ (шоколáд)

2 буты́лка _____ (винó)

3 чéтверть _____ (пирóг)

4 литр _____ (сóк)

5 половúна _____ (я́блоко)

6 килогрáмм _____ (мукá)

B. Bilden Sie die richtigen Genitivformen.

1 однá сýмка   мнóго _____

2 однá оши́бка   мнóго _____

3 однá дéвушка   мнóго _____

4 однó письмó   мнóго _____

5 однó окнó   мнóго _____

Auflösung
Siehe nächste Seite

TAG 64

Auflösung:

A. 1 шокола́да – **2** вина́ – **3** пирога́ –
4 со́ка – **5** я́блока – **6** муки́

B. 1 мно́го су́мок

2 мно́го оши́бок

3 мно́го де́вушек

4 мно́го пи́сем

5 мно́го о́кон

Erfolgs-Check

Adverbien: Übersetzen Sie die Sätze ins Russische.

1 Die Frage ist klar. Viktor hat die Frage klar beantwortet.

_____

2 Pawel ist ein guter Schüler. Er spricht gut Französisch.

_____

3 Die Studenten sind aufmerksam. Sie hören aufmerksam zu.

_____

4 Das sind sehr leckere Pelmeni. Deine Oma kocht lecker.

_____

5 Die Lösung ist richtig. Der Schüler hat richtig geantwortet.

_____

6 Irina kauft ein schönes Kleid. Das Kleid sieht schön aus.

_____

7 Die Erzählung ist interessant. Marina erzählt interessant.

_____

➡ *Auflösung
Siehe nächste Seite*

TAG
65

Auflösung:

1 Вопро́с я́сен. Ви́ктор я́сно отве́тил на вопро́с.

2 Па́вел хоро́ший учени́к. Он хорошо́ говори́т по-францу́зски.

3 Студе́нты внима́тельны. Они́ внима́тельно слу́шают.

4 Э́то о́чень вку́сные пельме́ни. Твоя́ ба́бушка вку́сно гото́вит.

5 Реше́ние пра́вильно. Учени́к отве́тил пра́вильно.

6 Ири́на покупа́ет краси́вое пла́тье. Пла́тье вы́глядит краси́во.

7 Расска́з интере́сен. Мари́на интере́сно расска́зывает.

Erfolgs-Check

Übung absolviert am:	fiel mir leicht ↓	möchte ich wiederholen ↓
....	☐	☐
....	☐	☐
....	☐	☐

A. Wer sagt was? Schreiben Sie K (Kellner/in) oder G (Gast).

Бы́ло о́чень вку́сно.   _____

Принести́ Вам меню́?   _____

Что Вы мо́жете нам порекомендова́ть?   _____

Счёт, пожа́луйста.   _____

Что Вы бу́дете пить?   _____

B. Vervollständigen Sie den Dialog mit den passenden Ausdrücken aus A.

A _____?

B Да, спаси́бо.

C _____?

A У нас большо́й вы́бор заку́сок и отли́чный сала́т-бар. Осо́бенно
рекоменду́ю на́ше фи́рменное блю́до: котле́та по-ки́евски.

B Мне, пожа́луйста, котле́ту и о́вощи гриль.

C А я возму́ говя́дину, карто́фель фри и попро́бую Ваш сала́т-бар.

A _____?

B Све́тлое пи́во и бока́л кра́сного вина́, пожа́луйста.

C. Was kann man im Lokal alles bestellen? Ergänzen Sie die Ausdrücke.

1 чай + лимо́н   = _____

2 рис + о́вощи   = _____

3 ко́фе + молоко́ = _____

4 ко́фе – са́хар   = _____

→ *Auflösung
Siehe nächste Seite*

TAG 66

Auflösung:

A. Kellner: Принести́ Вам меню́?, Что Вы бу́дете пить?

Gast: Бы́ло о́чень вку́сно., Что Вы мо́жете нам порекомендова́ть?, Счёт, пожа́луйста.

B. Принести́ Вам меню́?, Что Вы мо́жете нам порекомендова́ть?, Что Вы бу́дете пить?

C. 1 чай с лимо́ном
   2 рис с овоща́ми
   3 ко́фе с молоко́м
   4 ко́фе без са́хара

Erfolgs-Check

Übung absolviert am:

	fiel mir leicht	möchte ich wiederholen
	↓	↓
....	☐	☐
....	☐	☐
....	☐	☐

Unregelmäßige Steigerung der Adjektive und Adverbien: Übersetzen Sie die Wörter. Verbinden Sie dann die zueinander passenden Ausdrücke.

	Übersetzung
хоро́ший	
ни́зкий	
плохо́й	
ма́ленький	
высо́кий	
по́здний	
далёкий	
глубо́кий	
сла́дкий	
ре́дкий	
коро́ткий	
большо́й	

ме́ньше
глу́бже
лу́чше
вы́ше
да́льше
ху́же
коро́че
бо́льше
ни́же
ре́же
по́зже/поздне́е
сла́ще

→ Auflösung
Siehe nächste Seite

TAG 67

Auflösung:

хоро́ший *(gut)* – лу́чше
ни́зкий *(niedrig)* – ни́же
плохо́й *(schlecht)* – ху́же
ма́ленький *(klein)* – ме́ньше
высо́кий *(groß, hoch)* – вы́ше
по́здний *(spät)* – по́зже/поздне́е
далёкий *(weit entfernt)* – да́льше
глубо́кий *(tief)* – глу́бже
сла́дкий *(süß)* – сла́ще
ре́дкий *(selten)* – ре́же
коро́ткий *(kurz)* – коро́че
большо́й *(groß)* – бо́льше

Erfolgs-Check

Übung absolviert am:	fiel mir leicht	möchte ich wiederholen
....	☐	☐
....	☐	☐
....	☐	☐

A. Welcher Aspektpartner gehört in welche Lücke? Ergänzen Sie!

1 Вчера́ Ве́ра до́лго _____. Наконе́ц

она́ _____ письмо́ ма́ме. (писа́ть / написа́ть)

2 Анто́н ка́ждый день _____ газе́ты,

но сего́дня он не _____ их. (чита́ть / прочита́ть)

3 • Ты _____ цифрово́й фотоаппара́т на по́лку?

• Я всегда́ _____ его́ на по́лку. (класть / положи́ть)

B. Vervollständigen Sie die Dialoge mit dem passenden Aspekt.

1 купи́ть / покупа́ть

• Что ты де́лала на выходны́х?

• _____ но́вый планше́т.

• Ну и как? _____?

• Да, я до́лго выбира́ла, но в конце́ концо́в _____

са́мый лу́чший!

2 реша́ть / реши́ть

• Что ты де́лала вчера́ ве́чером?

• _____ кроссво́рд из газе́ты «АиФ».

• А _____?

• Да, _____. А что?

• Я_____ его́ вчера́ часа́ два, но так и не _____.

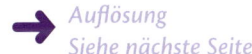
*Auflösung
Siehe nächste Seite*

TAG 68

Auflösung:

A. 1 писа́ла, написа́ла
2 чита́ет, прочита́л
3 положи́л, кладу́

B. 1 Покупа́ла, Купи́ла, купи́ла
2 Реша́ла, реши́ла, реши́ла, реша́л, реши́л

Erfolgs-Check

	fiel mir leicht	möchte ich wiederholen
Übung absolviert am:	↓	↓
....	☐	☐
....	☐	☐
....	☐	☐

Was haben Sie diese Woche geübt? Testen Sie sich!

1 Welcher Satz ist korrekt?

a У меня́ мно́го друзья́.

b У меня́ мно́го друзе́й.

c У меня́ мно́го дру́гов.

2 Welcher Satz ist richtig?

a Топ-моде́ль отли́чно вы́глядит.

b Отли́чный топ-моде́ль вы́глядит.

c Топ-моде́ль отли́чный вы́глядит.

3 Was können Sie auf folgende Frage antworten: Что Вы бу́дете пить?

a Счёт, пожа́луйста.

b Бока́л кра́сного вина́, пожа́луйста.

c Бы́ло о́чень вку́сно.

4 Welcher Satz ist korrekt?

a Олимпи́йский деви́з «Citius, Altius, Fortius! » по-ру́сски зна́чит «бы́сше, высо́кее, сильне́е!»

b Олимпи́йский деви́з «Citius, Altius, Fortius! » по-ру́сски зна́чит «быстре́е, вы́ше, си́льше!»

c Олимпи́йский деви́з «Citius, Altius, Fortius! » по-ру́сски зна́чит «быстре́е, вы́ше, сильне́е!»

5 Wählen Sie die korrekten Aspektpartner.

a Когда́ я чита́ла кни́гу, мой брат игра́л на компью́тере.

b Когда́ я прочита́ла кни́гу, мо́й брат сыгра́л на компью́тере.

c Когда́ я прочита́ла кни́гу, мо́й брат игра́л на компью́тере.

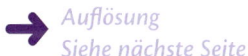

Auflösung
Siehe nächste Seite

TAG
69

Auflösung:

1 b – 2 a – 3 b – 4 c – 5 a

Erfolgs-Check

Übung absolviert am:

	fiel mir leicht ↓	möchte ich wiederholen ↓
....	☐	☐
....	☐	☐
....	☐	☐

Film und Fernsehen

In Russland werden gerne Filmklassiker zitiert. Es gibt Filme, die einfach jeder zu kennen scheint. Einige, wie **«Иро́ния судьбы́, или С лёгким паро́м!»**, der klassische Silvesterfilm, werden jedes Jahr wieder von der ganzen Familie angesehen.

Zu den oft zitierten Filmen gehören zum Beispiel **«Джентельме́ны уда́чи»**, **«Кавка́зская пле́нница, и́ли Но́вые приключе́ния Шу́рика»**, **«Бриллиа́нтовая рука́»**, **«Покро́вские воро́та»**, **«Служе́бный рома́н»**, **«Ме́сто встре́чи измени́ть нельзя́»** oder **«Бе́лое со́лнце пусты́ни»**.

Es gibt auch einige nennenswerte experimentelle Filme. So machte die deutsch-russische Koproduktion **«Ру́сский ковче́г»** Furore, als sie einen fast 100-minütigen Film mit über 2000 Statisten in nur einer Einstellung drehte.

Beliebt waren und sind Zeichentrick- und Animationsfilme. Zu den bekanntesten aus der Sowjetzeit gehört **«Ну, погоди́!»**, eine Art Tom und Jerry, in der ein Hase von einem Wolf verfolgt wird. Aktuell begeistert vor allem **«Ма́ша и Медве́дь»** Kinder und Erwachsene.

Im Fernsehen gibt es zahlreiche Shows, die uns auch aus dem westeuropäischen Fernsehen bekannt sind, wie die Suche nach Models oder Superstars. Erwähnenswert sind besonders Miniserien. Literarische Werke werden auf diese Weise oft ins Fernsehen gebracht (z. B. **«Ма́стер и Маргари́та»** 2005 und **«Три мушкете́ра»** 2013). Eine russische Miniserie, die vor allem beim jungen Publikum auf starke Resonanz stieß, war 2002 **«Брига́да»**. Wegen des verwendeten kriminellen Slangs ist sie jedoch nicht immer einfach zu verstehen.

A. Fügen Sie das Verb aus den Klammern in der richtigen Form ein.

1 На́до, что́бы тебе́ _____ (дать) возмо́жность

попро́бовать э́то само́й.

2 Мой шеф хоте́л, что́бы нам _____ (есть) ле́гче рабо́тать

и купи́л но́вые компью́теры.

3 Мы жела́ем, что́бы здесь _____ (постро́ить) но́вую

де́тскую площа́дку.

4 Как ему́ объясни́ть, что́бы он _____ (поня́ть)?

B. Что oder что́бы?

1 Она́ сказа́ла, _____ её му́жа нет до́ма.

2 Артём вдруг вспо́мнил, _____ забы́л зо́нтик в кафе́.

3 Я зна́ю, _____ э́то зна́чит.

4 Оле́г пошёл в магази́н фототова́ров, _____ купи́ть но́вый

фотоаппара́т.

5 Мы останови́лись, _____ спроси́ть, кака́я э́то у́лица.

6 Я за́втра пойду́ в библиоте́ку, _____ отда́ть кни́ги.

7 Я наде́юсь, _____ ты прав.

8 Роди́тели хоте́ли, _____ я ста́ла врачо́м.

→ *Auflösung*
Siehe nächste Seite

TAG 71

Auflösung:

A. 1 да́ли – 2 бы́ло –
3 постро́или – 4 по́нял
B. 1 что – 2 что – 3 что – 4 что́бы –
5 что́бы – 6 что́бы – 7 что – 8 что́бы

Erfolgs-Check

Übung absolviert am:

	fiel mir leicht	möchte ich wiederholen
----------------------------	☐	☐
----------------------------	☐	☐
----------------------------	☐	☐

A. Wo, wohin oder woher? Beantworten Sie die drei Fragen.

	где?	куда́?	отку́да?
друг	у дру́га		
теа́тр			
кафе́			
ку́хня			из ку́хни
рестора́н			
тётя			
рабо́та			
музе́й			
магази́н		в магази́н	
мэр			
библиоте́ка			
ры́нок			
Берли́н			
Москва́			

B. Füllen Sie die Lücken mit der richtigen Präposition.

1 Ты прие́хала _____ вокза́ла на такси́?

2 Мы прие́хали сюда́ пря́мо _____ конце́рта.

3 А́нна живёт _____ Ганно́вере. Она́ _____ Герма́нии.

4 Па́вел де́лал ремо́нт _____ кры́ше да́чи и упа́л _____ кры́ши.

5 _____ аэропо́рта _____ го́род о́коло тридцати́ мину́т езды́ на по́езде.

Auflösung
Siehe nächste Seite

Auflösung:

A.

друг: у дру́га, к дру́гу, от дру́га

теа́тр: в теа́тре, в теа́тр, из теа́тра

кафе́: в кафе́, в кафе́, из кафе́

ку́хня: в ку́хне, в ку́хню, из ку́хни

рестора́н: в рестора́не, в рестора́н, из рестора́на

тётя: у тёти, к тёте, от тёти

рабо́та: на рабо́те, на рабо́ту, с рабо́ты

музе́й: в музе́е, в музе́й, из музе́я

магази́н: в магази́не, в магази́н, из магази́на

мэр: у мэ́ра, к мэ́ру, от мэ́ра

библиоте́ка: в библиоте́ке, в библиоте́ку, из библиоте́ки

ры́нок: на ры́нке, на ры́нок, с ры́нка

Берли́н: в Берли́не, в Берли́н, из Берли́на

Москва́: в Москве́, в Москву́, из Москвы́

B.

1 с – **2** с – **3** в, из – **4** на, с – **5** Из, в

Erfolgs-Check ✏️

Übung absolviert am:

	fiel mir leicht ↓	möchte ich wiederholen ↓
------------------	☐	☐
------------------	☐	☐
------------------	☐	☐

Der Dativ: Ergänzen Sie die Sätze durch die Angaben aus den Klammern.

1 Са́мый знамени́тый па́мятник _____ (Peter der Erste),

Ме́дный вса́дник, стои́т в Са́нкт-Петербу́рге.

2 • Ско́лько лет _____ (Anna)?

• _____ (Anna) 25 лет.

3 С мои́ми друзья́ми я говорю́ _____ (am Telefon)

и́ли _____ (per Skype).

4 _____ (Irina) хо́лодно.

5 Поезда́ в Росси́и всегда́ хо́дят _____ (nach Fahrplan).

6 Больна́я пошла́ _____ (zum Arzt).

7 Я позвоню́ _____ (Sie), е́сли бу́дут каки́е-то но́вости.

8 А _____ (dir) нра́вится Берли́н?

9 Оте́ц говори́т _____ (Sohn):

«Напиши́ _____ (Oma) письмо́».

10 Я подарю́ _____ (meiner Tochter) пазл.

11 _____ (mir) ка́жется, что ты хорошо́ говори́шь по-ру́сски.

*Auflösung
Siehe nächste Seite*

TAG 73

Auflösung:

1 Петру́ Пе́рвому
2 А́нне, А́нне
3 по телефо́ну, по ска́йпу
4 Ири́не
5 по расписа́нию
6 к врачу́
7 Вам
8 тебе́
9 сы́ну, ба́бушке
10 мое́й до́чери
11 Мне

Erfolgs-Check

Übung absolviert am:	fiel mir leicht ↓	möchte ich wiederholen ↓
....	☐	☐
....	☐	☐
....	☐	☐

**Was ist das? Nur der Anfangs- und der Endbuchstabe sind korrekt.
Der Rest ist durcheinander geraten.**

1 носатльный кьмоюптер _____

2 пирнтер _____

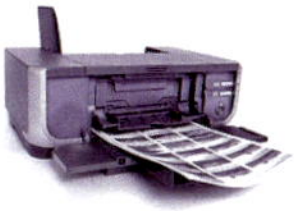

3 ктаиулвара _____

4 накишнуи _____

5 нубуотк _____

6 мшыка _____

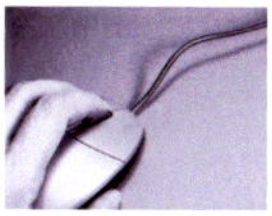

➡ *Auflösung
Siehe nächste Seite*

TAG 74

Auflösung:

1 насто́льный компью́тер
2 при́нтер
3 клавиату́ра
4 нау́шники
5 ноутбу́к
6 мы́шка

Erfolgs-Check

	fiel mir leicht	möchte ich wiederholen
Übung absolviert am:	↓	↓
....	☐	☐
....	☐	☐
....	☐	☐

A. Welche Formen haben keine Futurbedeutung?

они вы́берут – мы бу́дем говори́ть – он даст – вы бу́дете гуля́ть –
мы пла́чем – ты бу́дешь плати́ть – я пью – мы узна́ем – он умрёт –
я ся́ду – вы ска́жете – я сижу́ – он пи́шет – они́ пи́шут – они́ бу́дут лете́ть –
мы крадём – ты ку́пишь – она́ бу́дет звать – они́ мо́ют – я бу́ду звони́ть –
мы договори́мся – вы рабо́таете

B. Welcher Aspekt wird bei den hervorgehobenen Verben betont? Kreuzen Sie die richtige Antwort an.

1 Что ты бу́дешь де́лать сего́дня ве́чером?

a Prozess, Dauer   **b** Ergebnis

2 Я бу́ду писа́ть сочине́ние.

a Prozess, Dauer   **b** Ergebnis

3 А что ты бу́дешь де́лать пото́м, когда́ напи́шешь сочине́ние?

a Prozess, Dauer   **b** Ergebnis   **c** Prozess, Dauer   **d** Ergebnis

4 Когда́ я напишу́ пи́сьма, я пойду́ в кино́.

a Prozess, Dauer   **b** Ergebnis/Reihenfolge abgeschlossener Handlungen

c Prozess, Dauer   **d** Ergebnis/Reihenfolge abgeschlossener Handlungen

➡ *Auflösung*
Siehe nächste Seite

TAG 75

Auflösung:

A. мы пла́чем – я пью – я сижу́ –
он пи́шет – они́ пи́шут – мы крадём –
они́ мо́ют – вы рабо́таете

B. 1 a – 2 a – 3 a, d – 4 b, d

Erfolgs-Check

Übung absolviert am:	fiel mir leicht ↓	möchte ich wiederholen ↓
....	☐	☐
....	☐	☐
....	☐	☐

Was haben Sie diese Woche geübt? Testen Sie sich!

1 Welcher Satz ist richtig?

a Охра́нник в магази́не смо́трит, что́бы ничего́ не украду́т.

b Охра́нник в магази́не смо́трит, что ничего́ не укра́ли.

c Охра́нник в магази́не смо́трит, что́бы ничего́ не укра́ли.

2 Ре́йсов _____ неде́лю _____ Алма́ты _____ Ло́ндон.

a в, с, в

b на, из, на

c в, из, в

3 Wählen Sie die korrekte Übersetzung: *Es interessiert ihn nicht.*

a Ему́ неинтере́сно.

b Его́ неинтере́сно.

c Он неинтере́сный.

4 Um etwas am Computer zu schreiben, braucht man folgendes:

a клавиату́ра

b клави́р

c клавеси́н

5 Он пошлёт Ва́не телегра́мму. Beschreibt der Satz …

a die Vergangenheit?

b die Gegenwart?

c die Zukunft?

➡ *Auflösung
Siehe nächste Seite*

TAG 76

Auflösung:

1 c – 2 c – 3 a – 4 a – 5 c

Erfolgs-Check

	fiel mir leicht ↓	möchte ich wiederholen ↓
Übung absolviert am:		
....	☐	☐
....	☐	☐
....	☐	☐

Russische Literatur

Auch wenn in Russland immer wieder mangelndes Interesse am Lesen beklagt wird, gelten die Russen doch international immer noch als ein Volk der Vielleser. Verständlich, wenn man bedenkt, was die russische Literatur alles zu bieten hat.

Die Klassiker der russischen Literatur wie **Пу́шкин**, **Ле́рмонтов**, **Го́голь**, **Достое́вский** oder **Толсто́й** sind auch hierzulande hinreichend bekannt. Im Russischen wird diese Epoche oft als das Goldene Zeitalter der russischen Literatur (**золото́й век ру́сской литерату́ры**) bezeichnet.

Anfang des 20. Jahrhunderts siedeln die Russen das Silberne Zeitalter ihrer Literatur an: eine Zeit voll talentierter Dichter und Poeten, wie **Маяко́вский**, **Блок**, **Мандельшта́м** oder **Ахма́това.**

Wegen des politischen Drucks während der Sowjetzeit wurden viele Bücher erst im Ausland herausgegeben, wie der berühmte **Архипела́г ГУЛАГ** von **Солжени́цын**. Zahlreiche Werke wurden im Untergrund verlegt und verbreitet (**самизда́т**).

Nach dem Ende der Sowjetunion begann eine neue Blütezeit der russischen Literatur. Nach dem Wegfall der Zensur wurden auch brisante Themen behandelt und die Umgangssprache fand Eingang in die zeitgenössischen Bücher. Besonders beliebt sind vor allem Krimis, wie die der ehemaligen Polizistin **Мари́нина** oder des Übersetzers **Чхартишви́ли**, besser bekannt als **Аку́нин**.

A. Ersetzen Sie die deutschen Wörter durch die russischen Begriffe im richtigen Fall.

1 • Здра́вствуйте. Пожа́луйста, да́йте мне шесть

(Tomaten) _____ и два (Gurke) _____ .

• Это всё? Бери́те ещё (Karotte) _____ .

• Нет, спаси́бо.

2 • Здра́вствуйте, я бы хоте́л пять (Birnen) _____ и два

(Zitronen) _____ .

• Вы хоти́те что́-нибудь ещё?

• Да, (Orangen) _____ . Оди́н килогра́мм, пожа́луйста.

• Вот, оди́н килогра́мм.

B. Übersetzen Sie.

1 ein Laib Brot _____

2 eine Paprika _____

3 ein Apfel _____

4 zwei Joghurts _____

5 zwei Fische _____

6 drei Eier _____

7 vier Salatköpfe _____

8 fünf Wasserflaschen _____

9 sechs Packungen Reis _____

10 sieben Bananen _____

11 vierundzwanzig Auberginen _____

➡ *Auflösung
Siehe nächste Seite*

TAG 78

Auflösung:

A. **1** помидо́ров, огурца́, морко́вь

2 груш, лимо́на, апельси́ны

B. **1** одна́ буха́нка хле́ба

2 оди́н пе́рец

3 одно́ я́блоко

4 два йо́гурта

5 две ры́бы

6 три яйца́

7 четы́ре кочана́ сала́та

8 пять буты́лок воды́

9 шесть паке́тов ри́са

10 семь бана́нов

11 два́дцать четы́ре баклажа́на

Erfolgs-Check

	fiel mir leicht	möchte ich wiederholen
Übung absolviert am:	↓	↓
....	☐	☐
....	☐	☐
....	☐	☐

Schreiben Sie die Zahlen aus. (Die historischen Daten beziehen sich auf den westeuropäischen Kalender.)

1 16. 1. 1547 Ива́н Гро́зный стал пе́рвым ру́сским царём.

_____

2 Санкт-Петербу́рг был осно́ван 27. 5. 1703.

_____

3 Пу́шкин роди́лся 6. 6. 1799.

_____

4 Крепостно́е пра́во отмени́ли в 1861 г.

_____

5 12. 6. 1990 была́ принята́ «Деклара́ция о госуда́рственном суверените́те РСФСР».

_____

6 Сейча́с 12. 6. отмеча́ется как День Росси́и.

_____

*Auflösung
Siehe nächste Seite*

Auflösung:

1 Шестна́дцатого января́ ты́сяча пятьсо́т
со́рок седьмо́го го́да

2 два́дцать седьмо́го ма́я ты́сяча
семьсо́т тре́тьего го́да.

3 шесто́го ию́ня ты́сяча семьсо́т
девяно́сто девя́того го́да.

4 ты́сяча восемьсо́т шестьдеся́т
пе́рвом году́.

5 Двена́дцатого ию́ня ты́сяча девятьсо́т
девяно́стого го́да

6 двена́дцатое ию́ня

Erfolgs-Check

Übung absolviert am:	fiel mir leicht	möchte ich wiederholen
....	☐	☐
....	☐	☐
....	☐	☐

A. Verben der Bewegung: Lesen Sie die folgenden Sätze.
Welche Verben gehören zu welcher Gruppe?

- Обы́чно мы е́здим в о́тпуск в го́ры. В э́том году́ мы е́дем на мо́ре.
- Я всегда́ ношу́ в су́мке ключ, моби́льный телефо́н и носовы́е платки́.
  Сего́дня ещё па́пе несу́ зо́нтик. Па́па забы́л его́ до́ма.
- Мы с И́рой всегда́ хо́дим вме́сте в спортза́л.
  Сего́дня я иду́ туда́ одна́.
- Э́ти бизнесме́ны ча́сто лета́ют в Ло́ндон. На э́той неде́ле они́ то́же
  летя́т туда́.
- Па́вел пла́вает уже́ давно́? • Да, смотри́, как он бы́стро плывёт к па́пе.

Bewegung in eine bestimmte Richtung	Bewegung in verschiedene Richtungen

B. Vervollständigen Sie die Sätze mit den angegebenen Verben.

1 Сейча́с я _____ в институ́т. Я ка́ждый день _____

в институ́т. (идти́ / ходи́ть)

2 Сейча́с мы _____ в парк. На велосипе́де мы _____

бы́стро. (е́хать / е́здить)

➡ *Auflösung
Siehe nächste Seite*

TAG 80

Auflösung:

A. **Bewegung in eine bestimmte Richtung:**
éдем, несу́, иду́, летя́т, плывёт
Bewegung in verschiedene Richtungen:
éздим, ношу́, хо́дим, лета́ют, пла́вает
B. **1** иду́, хожу́
2 éдем, éздим

Erfolgs-Check

	fiel mir leicht	möchte ich wiederholen
Übung absolviert am:	↓	↓
-----------------------------------	☐	☐
-----------------------------------	☐	☐
-----------------------------------	☐	☐

Ein Zimmer reservieren: Ergänzen Sie den Dialog mit den passenden Ausdrücken aus dem Kasten.

> На како́е число́ – заброни́ровать – одноме́стный – гости́ница – На ско́лько дней – и́мя и фами́лию

- Алло́. Я слу́шаю.
- Здра́вствуйте! Э́то _____ «Метропо́л»?
- Да.
- Я хочу́ _____ но́мер.
- _____ Вы хоти́те заброни́ровать но́мер?
- На шесто́е ию́ля.
- Како́й но́мер вы хоти́те: _____ и́ли двухме́стный?
- Двухме́стный.
- Хорошо́. _____ Вы плани́руете оста́ться?
- На неде́лю.
- Скажи́те, пожа́луйста, Ва́ши _____ .
- Алексе́й А́льтман.
- Спаси́бо. Мы бу́дем ра́ды ви́деть Вас.
- До свида́ния.

→ *Auflösung*
Siehe nächste Seite

TAG 81

Auflösung:

гости́ница – заброни́ровать –
На како́е число́ – одноме́стный –
На ско́лько дней – и́мя и фами́лию

Erfolgs-Check

Übung absolviert am:

	fiel mir leicht	möchte ich wiederholen
....	☐	☐
....	☐	☐
....	☐	☐

A. Womit? Ergänzen Sie die Sätze.

1 Ма́льчик пи́шет _____. (Kugelschreiber – ру́чка)

2 Худо́жник рису́ет _____. (Farben – кра́ска)

3 Ла́ра ма́шет _____. (Tuch – плато́к)

4 Он отруби́л ве́тку _____. (Beil – топо́р)

B. Vervollständigen Sie die Sätze mit der passenden Endung.

1 Ты хо́чешь во́ду с га́з_____ и́ли без га́за?

2 Ва́ня живёт со свое́й жен_____ уже́ 5 лет.

3 Мы с клие́нт_____ идём в рестора́н.

4 Они́ живу́т как ко́шка с соба́к_____ .

5 Я регуля́рно хожу́ с роди́тел_____ в теа́тр.

Auflösung
Siehe nächste Seite

TAG 82

Auflösung:

A. 1 ру́чкой 2 кра́сками 3 платко́м
4 топоро́м

B. 1 ом 2 ой 3 ом 4 ой 5 ями

Erfolgs-Check

Übung absolviert am:	fiel mir leicht ↓	möchte ich wiederholen ↓
....	☐	☐
....	☐	☐
....	☐	☐

Was haben Sie diese Woche geübt? Testen Sie sich!

1 Was ist richtig?

- **a** два́дцать одна́ я́года
- **b** два́дцать одна́ я́годы
- **c** два́дцать одна́ я́год

2 Welche Zahl ist korrekt? Моя́ ба́бушка родила́сь 15.4.1926.

- **a** пятна́дцатого апре́ля два́дцать шесто́го го́да
- **b** трина́дцатого ма́я два́дцать шесто́го го́да
- **c** пятна́дцатого апре́ля два́дцать восьмо́го го́да

3 Welches Wort passt? Мари́на обы́чно _____ на рабо́ту пешко́м.

- **a** идёт
- **b** хо́дит
- **c** е́здит

4 Finden Sie die passende Antwort:
На како́е число́ Вы хоти́те заброни́ровать но́мер?

- **a** На неде́лю.
- **b** На пя́тое июля.
- **c** Одноме́стная ко́мната.

5 Finden Sie die korrekte Übersetzung:
Der Erstklässler schreibt mit einem Bleistift.

- **a** Первокла́ссник пи́шет каранда́ш.
- **b** Первокла́ссник пи́шет с карандашо́м.
- **c** Первокла́ссник пи́шет карандашо́м.

➔ Auflösung
Siehe nächste Seite

TAG
83

Auflösung:

1 a – 2 a – 3 b – 4 b – 5 c

Erfolgs-Check

	fiel mir leicht	möchte ich wiederholen
Übung absolviert am:	↓	↓
-----------------------------------	☐	☐
-----------------------------------	☐	☐
-----------------------------------	☐	☐

Der Goldene Ring

Золотóе кольцó – so nennt man eine Rundreiseroute im Nordosten von Moskau, die durch mehrere altrussische Städte führt. Während der Reise bekommt man einen guten Einblick in die Geschichte des Russischen Reiches vom 12. bis zum 18. Jahrhundert. Traditionell werden folgende acht Städte zum Goldenen Ring gezählt: Sergijew Possad, Pereslawl-Salesski, Rostow, Jaroslawl, Kostroma, Iwanowo, Susdal und Wladimir. Bei manchen Ausflügen in die Region werden jedoch noch weitere Städte besucht, die ebenfalls einen Platz im Goldenen Ring beanspruchen.

Zahlreiche Teile des Goldenen Ringes wurden mittlerweile von der UNESCO als Kulturerbe anerkannt, zum Beispiel die Altstadt von Jaroslawl oder das Dreifaltigkeitskloster in Sergijew Possad, das seit Jahrhunderten als eines der bedeutendsten religiösen Zentren der russisch-orthodoxen Kirche gilt. Im mittlerweile recht industriell geprägten Wladimir würdigte die UNESCO Altstadt und Kathedrale, ebenso wie Kreml, Kirchen und Klöster in Susdal und Kidekscha, einem kleinen Dorf in der Nähe von Wladimir.

Die Städte haben sich über die Jahrhunderte erstaunlich gut erhalten und gehören zu den malerischsten Orten Russlands.

Ergänzen Sie die Adjektive mit der richtigen Form.

1 Ю́рий помога́ет но́в_____ сотру́дникам.

2 В ию́ле про́шлого го́да стоя́ла о́чень жа́рк_____ пого́да.

3 «Спорти́вн_____ жизнь Росси́и» –

ежеме́сячн_____ журна́л, кото́рый издаётся в Москве́.

4 Каскадёры занима́ются опа́сн_____ рабо́той.

5 Во времена́ СССР мно́го ру́сских отдыха́ли на Чёрн_____ мо́ре.

6 Вчера́ на вечери́нке Ла́ра встре́тила интере́сн_____ челове́ка.

7 В э́том магази́не нет кра́сн_____ пла́тьев.

8 Я ду́маю об увлека́тельн_____ кни́ге, кото́рую прочита́ла вчера́.

9 Ви́ка рассказа́ла исто́рию о ста́р_____ учи́теле в шко́ле.

10 В па́рке я ви́дел много молод_____ матере́й с

де́тск_____ коля́сками.

→ *Auflösung*
Siehe nächste Seite

TAG 85

Auflösung:

1 но́вым
2 жа́ркая
3 Спорти́вная, ежеме́сячный
4 опа́сной
5 Чёрном
6 интере́сного
7 кра́сных
8 увлека́тельной
9 ста́ром
10 молоды́х, де́тскими

Erfolgs-Check

Übung absolviert am:

	fiel mir leicht	möchte ich wiederholen
....	☐	☐
....	☐	☐
....	☐	☐

A. Welcher Körperteil ist gemeint?
Bringen Sie die Buchstaben in die richtige Reihenfolge.

óрганы чýвств	чáсти тéла	
1 зрéние	злаáг	_____
2 слух	ишý	_____
3 обонáние	сон	_____
4 вкус	зы́як	_____
5 осязáние	áпльцы	_____

B. Welcher Körperteil fehlt hier? Ergänzen Sie die Wörter und verbinden Sie die Redwendungen mit der entsprechenden deutschen Übersetzung.

1	зарубúть себé на _____ ý	a	über etwas hinwegsehen, ein Auge zudrücken
2	с _____ у на _____	b	die Zunge im Zaum halten
3	смотрéть сквозь _____ на чтó-либо	c	jemandem etwas vormachen, einen Bären aufbinden
4	вéшать лапшý нá _____	d	unter vier Augen
5	держáть _____ за зубáми	e	sich hinter die Ohren schreiben

➡ *Auflösung*
Siehe nächste Seite

TAG 86

Auflösung:

A. **1** глаза́ – **2** у́ши – **3** нос –
   4 язы́к – **5** па́льцы

B. **1** нос – e
   2 гла́з/глаз – d
   3 па́льцы – a
   4 у́ши – c
   5 язы́к – b

Erfolgs-Check

Übung absolviert am:	fiel mir leicht	möchte ich wiederholen
-----------------------------------	☐	☐
-----------------------------------	☐	☐
-----------------------------------	☐	☐

A. Beschriften Sie die Pfeile:

_____   _____   _____

B. Setzen Sie die Wörter in Klammern in die richtige Form und ergänzen Sie den Dialog mit der deutschen Information in Klammern.

- _____ (прости́ть), пожа́луйста, Вы не

  _____ (сказа́ть), как мне прое́хать на Варва́рку?

- На Варва́рку? Она́ в це́нтре, _____

  (in der Nähe des Roten Platzes). Хм ... Лу́чше всего́ Вы

  _____ (е́хать) на метро́ _____ (bis zur

  Haltestelle) «Охо́тный ряд». А пото́м там уже́ недалеко́, не́сколько

  мину́т _____ (zu Fuß). Хотя́, Вы _____

  (мочь) сде́лать _____ (Umsteigen) на ста́нции

  «Новокузне́цкая» на ора́нжевую ли́нию и е́хать до ста́нции «Кита́й-

  го́род». Это, наве́рное, бли́же.

➔ Auflösung
Siehe nächste Seite

TAG 87

Auflösung:

A. links: нале́во
   rechts: напра́во
   geradeaus: пря́мо

B. Прости́те – ска́жете –
   недалеко́ от Кра́сной пло́щади –
   поезжа́йте – до ста́нции – пешко́м –
   мо́жете – переса́дку

Erfolgs-Check

	fiel mir leicht	möchte ich wiederholen
Übung absolviert am:	↓	↓
-----------------------------------	☐	☐
-----------------------------------	☐	☐
-----------------------------------	☐	☐

Ergänzen Sie die jeweiligen Aspektpartner im Kreuzworträtsel.

Waagerecht:
2 смотре́ть
6 прочита́ть
8 дать
9 поня́ть
10 идти́

Senkrecht:
1 захоте́ть
3 спроси́ть
4 поду́мать
5 прожи́ть
7 ви́деть

→ Auflösung
Siehe nächste Seite

TAG 88

Auflösung:

Waagerecht:

- **2** посмотре́ть
- **6** чита́ть
- **8** дава́ть
- **9** понима́ть
- **10** пойти́

Senkrecht:

- **1** хоте́ть
- **3** спра́шивать
- **4** ду́мать
- **5** жить
- **7** уви́деть

Erfolgs-Check

	fiel mir leicht	möchte ich wiederholen
Übung absolviert am:	↓	↓
....	☐	☐
....	☐	☐
....	☐	☐

Das Futur: Setzen Sie die passenden Formen in die beiden Texte ein. Beachten Sie dabei, worauf die gestellten Fragen abzielen – auf ein Resultat oder einen Prozess, auf Handlungen, die nacheinander oder gleichzeitig stattfinden.

1 Что вы бу́дете де́лать ле́том во вре́мя кани́кул?

Во вре́мя кани́кул мы _____ (е́хать / пое́хать) на мо́ре,

как в про́шлом году́.

На пля́же мы _____ (отдыха́ть / отдохну́ть),

_____ (лежа́ть / полежа́ть) на со́лнце, _____

(загора́ть / загоре́ть) и _____ (стро́ить / постро́ить) за́мки

из песка́. Но мы _____ не то́лько

_____ (пла́вать / поплы́ть), но и ча́сто _____

(ходи́ть / пойти́) на ра́зные экску́рсии.

2 Как вы проведёте сле́дующие кани́кулы?

На кани́кулы мы _____ (е́здить / пое́хать) на мо́ре, как в

про́шлом году́.

На пля́же мы _____ (сиде́ть / посиде́ть), _____

(отдыха́ть / отдохну́ть), _____ (лежа́ть / полежа́ть) на

со́лнце, что́бы _____ (загора́ть / загоре́ть). Зате́м мы

_____ (стро́ить / постро́ить) за́мок из песка́ или

_____ (пла́вать / попла́вать).

➜ *Auflösung*
Siehe nächste Seite

Auflösung:

1 поéдем, бýдем отдыхáть, лежáть,
   загорáть, стрóить, бýдем плáвать,
   ходи́ть
2 поéдем, посиди́м, отдохнём, полежи́м,
   загорéть, пострóим, поплáваем

Erfolgs-Check

	fiel mir leicht	möchte ich wiederholen
Übung absolviert am:	↓	↓

----------------------------------	☐	☐
----------------------------------	☐	☐
----------------------------------	☐	☐

Was haben Sie diese Woche geübt? Testen Sie sich!

1 Welche Endungen fehlen im folgenden Satz:
О́чень ста́р_____ челове́к вспомина́л, как во вре́мя Гражда́нск_____ войны́ Кра́сн_____ а́рмией кома́ндовал Серге́й Ка́менев.

    a -ый, -ой, -ой

    b -ый, -ая, -ей

    c -ой, -ой, -ом

2 Wie heißen die 5 Sinne des Menschen?

    a го́лод, жа́жда, уста́лость, любопы́тство, сме́лость

    b зре́ние, слух, обоня́ние, осяза́ние, вкус

    c аппети́т, долг, страх, ю́мор, интуи́ция

3 Welcher Satz ist richtig?

    a Как добра́ться до Москвы́?

    b Как добра́тся до Москвы́?

    c Как добра́ться до Москва́?

4 Welche der folgenden Verben bilden kein Aspektpaar?

    a чита́ть – прочита́ть

    b идти́ – ходи́ть

    c хоте́ть – захоте́ть

5 Welche Verbform ist korrekt? Обяза́тельно _____ за́втра име́йл.

    a бу́ду посла́ть

    b посыла́ю

    c пошлю́

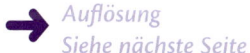
*Auflösung
Siehe nächste Seite*

TAG 90

Auflösung:

1 a – 2 b – 3 a – 4 b – 5 c

Erfolgs-Check

	fiel mir leicht	möchte ich wiederholen
Übung absolviert am:	↓	↓
--------------------------------	☐	☐
--------------------------------	☐	☐
--------------------------------	☐	☐

Feiern zu Neujahr, Weihnachten und Ostern

Das wohl größte Fest des Jahres in Russland ist das Neujahrsfest (**но́вый год**). Für Besucher aus Westeuropa mag es auf den ersten Blick seltsam erscheinen, dass das russische Neujahrsfest Elemente verschiedener, uns bekannter Feste kombiniert. So gibt es einen Weihnachtsbaum (**ёлка**) und Kinder, die oft verkleidet um ihn herum tanzen. Die Geschenke bringt der blau gekleidete **Дед Моро́з** (Väterchen Frost) zusammen mit seiner Helferin **Снегу́рочка**.

Die Neujahrswoche (**нового́дние кани́кулы**) bietet aber noch weitere Anlässe zum Feiern: Das orthodoxe Weihnachtsfest wird 13 Tage nach dem deutschen Weihnachtsfest gefeiert, da sich die orthodoxe Kirche am Julianischen Kalender orientiert. So kommt es zur zweiten Neujahrsfeier, dem Fest des **ста́рый но́вый год**, das nach orthodoxem Kalender («**по ста́рому сти́лю**») im Januar begangen wird.

Während Silvester auch in der Sowjetunion von großer Bedeutung war, hat sich Ostern (**па́сха**) als religiöses Fest erst nach dem Ende der Sowjetunion etabliert; mittlerweile ist es eines der wichtigsten Feste in Russland. Traditionelle Osterspeisen sind **кули́ч** und **па́сха**, Osterbrot und eine Süßspeise aus Quark, die oft mit den Buchstaben ХВ für «**Христо́с воскре́с!**» (*Christus ist auferstanden!*) dekoriert werden. Das Verzieren von Eiern darf an Ostern ebenfalls nicht fehlen.

A. Beantworten Sie die Fragen mithilfe der deutschen Informationen aus den Klammern.

1 Почему́ вы не могли́ пое́хать на экску́рсию?

(wegen des schlechten Wetters)

_____

2 Како́й чай понра́вился Вам бо́льше всего́? (dieser Tee)

_____

3 Ско́лько сто́ят ри́деры для электро́нных книг? (5000 Rubel)

_____

4 Отку́да Джа́нджи? (aus China)

_____

B. Чья? Чей? Чьё? Чьи? Ordnen Sie die unten stehenden Wörter der passenden Form von „wessen" zu.

бага́ж – ко́мната – кот – пальто́ – де́ньги– письмо́ – газе́та – портре́т – но́жницы – ру́чка – зо́нтик – часы́ – я́блоко – рюкза́к – жва́чка

Чья?	Чей?	Чьё?	Чьи?

➜ Auflösung
Siehe nächste Seite

TAG 92

Auflösung:

A. 1 Из-за плохо́й пого́ды мы не могли́
поéхать на экскýрсию.

2 Э́тот чай мне бо́льше всего́
понра́вился.

3 Ри́деры для электро́нных книг сто́ят
о́коло 5000 рубле́й.

4 Джа́нджи из Кита́я.

B. Чья?: ко́мната, газе́та, ру́чка, жва́чка

Чей?: бага́ж, кот, портре́т, зо́нтик,
рюкза́к

Чьё?: пальто́, письмо́, я́блоко

Чьи?: де́ньги, но́жницы, часы́

Erfolgs-Check

Übung absolviert am:	fiel mir leicht ↓	möchte ich wiederholen ↓
....	☐	☐
....	☐	☐
....	☐	☐

A. Bilden Sie von folgenden Verben den Imperativ mit ты.

1 рабо́тать

2 смотре́ть

3 говори́ть

B. Welche Variante ist richtig?

1 Говори́те / скажи́те, пожа́луйста, где ближа́йшая ста́нция метро́?

2 Открыва́й / откро́й дверь, Ле́на! Я ключи́ забы́л!

3 А ну закрыва́й / закро́й окно́, Ва́нечка, на у́лице идёт дождь.

4 Пожа́луйста, дава́йте / да́йте мне каранда́ш!

5 Како́й краси́вый кот! Кскскс, ходи́ / иди́ сюда́, ко́тик!

6 Я прилечу́ за́втра ве́чером. Э́то мой пе́рвый раз в Москве́.
Встреча́йте / Встре́тьте меня́, пожа́луйста!

7 Я так рад, что Вы прие́хали к нам в го́сти. Сади́тесь / Ся́дьте,
пожа́луйста.

**C. Bilden Sie von folgenden Verben den Imperativ Plural.
Achten Sie dabei auf Konsonantenwechsel u. ä.**

1 упа́сть   _____

2 стере́ть   _____

3 поня́ть   _____

4 есть   _____

5 приня́ть   _____

6 вы́брать   _____

7 закры́ть   _____

8 звать   _____

➜ *Auflösung
Siehe nächste Seite*

TAG 93

Auflösung:

A. 1 Работай! **2** Смотри! **3** Говори!

B. 1 Скажите **2** Открой **3** закрывай
4 дайте **5** иди **6** Встретьте **7** Садитесь

C. 1 Упадите! **2** Сотрите! **3** Поймите!
4 Ешьте! **5** Примите! **6** Выберите!
7 Закройте! **8** Зовите!

Erfolgs-Check

Übung absolviert am:

	fiel mir leicht ↓	möchte ich wiederholen ↓
....	☐	☐
....	☐	☐
....	☐	☐

Wie lauten die passenden Begriffe für folgende Bürogegenstände?

1 _ _ _ _ й _ _ _ (_ _ _ б _ _ _ _ _)

2 с _ _ п _ _ _ _

3 _ ы _ _ _ _ _ _

4 с _ _ р _ _ ш _ _ _ _ _ _

5 (к _ _ _ _ _ я _ _ _ _ _ _) _ _ _ _ _ _ _ á

6 л _ _ _ _ _ _ _

7 (_ _ _ _ _ ж _ _ _) _ щ _ _ _

8 _ _ _ _ _ _ _ _ ь

9 _ _ _ _ _ _ н н _ _ _ _ _ _ _ л

10 _ _ _ _ _ _ _ ý _ а

11 ц _ _ _ _ _ _ ф _ _ _ _ _ _ _ _

12 _ _ _ _ _ _ _ ы

➜ *Auflösung
Siehe nächste Seite*

TAG 94

Auflösung:

1 корзи́на (для бума́г)
2 сте́плер
3 дыроко́л
4 скоросшива́тель
5 (канцеля́рская) скре́пка
6 лине́йка
7 (выдвижно́й) я́щик
8 календа́рь
9 пи́сьменный стол
10 клавиату́ра
11 цветно́й флома́стер
12 но́жницы

Erfolgs-Check

Übung absolviert am:	fiel mir leicht ↓	möchte ich wiederholen ↓
------------------------------------	☐	☐
------------------------------------	☐	☐
------------------------------------	☐	☐

A. Übersetzen Sie die folgenden Sätze mit dem Partizip Passiv.

1 Der Computer wurde in Japan hergestellt.

2 Auf den Bilder Aiwasowskijs ist immer das Meer dargestellt.

3 Alles ist von Schnee bedeckt.

4 Petersburg wurde als „Fenster nach Europa" gegründet.

5 Diese Ansichtskarte wurde von mir geschrieben.

B. Statt des Partizips wird manchmal die dritte Person Plural verwendet. Formen Sie um.

Дом был постро́ен по́сле войны́. → Дом постро́или по́сле войны́.

1 Все докуме́нты бы́ли распеча́таны вчера́.

2 Стол был серви́ро́ван к обе́ду.

3 Буке́т купи́ли.

4 Эсэмэ́ску прочита́ли.

C. Ergänzen Sie den Text durch die Information aus den Klammern. Benutzen Sie das Partizip Passiv.

Пе́рвая ли́ния Моско́вского метрополите́на _____

(wurde eröffnet) 15 ма́я 1935 го́да. Сего́дня Моско́вское метро́ состои́т из

186 ста́нций, 44 из кото́рых _____ (wurden anerkannt)

объе́ктами культу́рного насле́дия. Ста́нции Кольцево́й ли́нии – са́мые

знамени́тые. Они́ _____ (wurden erbaut) в сти́ле

ста́линского ампи́ра. По пла́нам прави́тельства до 2020 го́да

_____ (werden gebaut werden) ещё 66 ста́нций.

➔ *Auflösung
Siehe nächste Seite*

TAG 95

Auflösung:

A. **1** Компью́тер сде́лан в Япо́нии.

2 На карти́нах Айвазо́вского всегда́ изображено́ мо́ре.

3 Всё покры́то сне́гом.

4 Петербу́рг был осно́ван как «окно́ в Евро́пу».

5 Э́та откры́тка была́ напи́сана мной.

B. **1** Вчера́ все докуме́нты распеча́тали.

2 Стол сервирова́ли к обе́ду.

3 Буке́т был ку́плен.

4 Эсэмэ́ска была́ прочи́тана.

C. была́ откры́та – бы́ли при́знаны – бы́ли постро́ены – бу́дут постро́ены

Erfolgs-Check

	fiel mir leicht	möchte ich wiederholen
Übung absolviert am:	↓	↓
....	☐	☐
....	☐	☐
....	☐	☐

КВН *(KWN: Der Klub der Fröhlichen und Findigen):*
Füllen Sie die Lücken mit den passenden Endungen.

КВН (Клуб Весёл_____ и Нахо́дчив_____) – одн_____ из са́м_____

популя́рн_____ телевизио́нн_____ переда́ч в Росси́_____.

Переда́ча состои́т из юмористи́ческ_____ игр, в кото́р_____

соревну́ются ра́зн_____ кома́нд_____.

Они́ даю́т юмористи́ческ_____ отве́т_____ на за́данн_____

вопро́с_____, де́лают импровиза́ц_____ на за́данн_____ те́м_____,

игра́ют в ма́леньк_____ зара́нее загото́вленн_____ сце́н_____ и т.д.

Во вре́мя СССР у переда́ч_____ возника́л_____ пробле́м_____,

потому́ что ча́сто уча́стники иронизи́ровали над сове́тской жизнь_____

и́ли идеоло́ги_____. В конце́ 1971-_____ го́д_____ переда́ч_____

закры́ли и КВН возврати́л_____ то́лько в 1986-_____ год_____.

Веду́щ_____ КВН - Алекса́ндр Масляко́в на́чал сво_____ рабо́т_____

веду́щего уже́ в 1964-_____ год_____. Масляко́в тогда́ был ещё

студе́нт_____. Не́сколько реко́рд_____ КВН:

- ежего́дно бо́лее 5 миллио́н_____ зри́тел_____,

  кото́р_____ прису́тствуют пря́мо в за́ле переда́ч_____

- бо́лее 40 000 уча́стник_____ организо́ванн_____

  в ра́зн_____ кома́нд_____

- бо́лее чем 3 000 кома́нд, кото́р_____ регуля́рно принима́ют

  уча́стие в игр_____ КВН

→ *Auflösung
Siehe nächste Seite*

TAG 96

Auflösung:

Весёлых – Нахо́дчивых – одна́ – са́мых –
популя́рных – телевизио́нных –
Росси́и – юмористи́ческих – кото́рых –
ра́зные – кома́нды – юмористи́ческие –
отве́ты – за́данные – вопро́сы –
импровиза́ции – за́данные – те́мы –
ма́леньких – загото́вленных – сце́нах –
переда́чи – возника́ли – пробле́мы –
жи́знью – идеоло́гией – 1971-ого –
го́да – переда́чу – возврати́лся –
1986-ом – году́ – Веду́щий – свою́ –
рабо́ту – 1964-ом – году́ – студе́нтом –
реко́рдов – миллио́нов – зри́телей –
кото́рые – переда́чи – уча́стников –
организо́ванных – ра́зные – кома́нды –
кото́рые – игре́

Erfolgs-Check ✏️

Übung absolviert am:

	fiel mir leicht ↓	möchte ich wiederholen ↓
-----------------------------	☐	☐
-----------------------------	☐	☐
-----------------------------	☐	☐

Was haben Sie diese Woche geübt? Testen Sie sich!

1 Welche Übersetzung ist richtig? *Wessen Katze ist das?*

a Это чей кот?

b Это чья кот?

c Это чьё кот?

2 Was heißt der folgende Satz auf Deutsch? Читáй мéжду строк!

a Lesen Sie zwischen den Zeilen!

b Lies zwischen den Zeilen!

c Lest zwischen den Zeilen!

3 Welchen Gegenstand brauchen Sie, wenn Sie etwas in einem Text markieren wollen?

a цветнóй фломáстер

b цветнóй дыркóл

c цветнáя линéйка

4 Nur ein Satz ist korrekt!

a Кни́га былá прочи́тан.

b Кни́гу былá прочи́тана.

c Кни́га былá прочи́тана.

5 Welche Endungen fehlen? «Золот_____ кольцó Росс_____» – традициóнн_____ туристи́ческ_____ маршрýт, котóр_____ ведёт чéрез истори́ческ_____ город_____ Европéйск_____ чáсти Росси́йск_____ террито́ри_____.

a -и́и, -óе, -ый, -ой, -ой,-и,-ий, -ый, -ие, -á

b -и́и, -ий, -ие, -á, -ой, -óе, -ой, -и, -ый, -ый

c -óе, -и́и, -ый, -ий, -ый, -ие, -á, -ой, -ой, -и

➜ Auflösung
Siehe nächste Seite

TAG 97

Auflösung:

1 a – 2 b – 3 a – 4 c – 5 c

Erfolgs-Check

	fiel mir leicht	möchte ich wiederholen
Übung absolviert am:	↓	↓
....	☐	☐
....	☐	☐
....	☐	☐

Aberglaube

Russen gelten als sehr abergläubisch, allerdings verhält es sich mit dem Aberglauben dabei oft ähnlich wie bei uns mit der berühmten schwarzen Katze von links: Kaum jemand fürchtet sie, praktisch jeder kennt sie und selbst wenn man eigentlich nicht daran glaubt, machen viele trotzdem einen Bogen um sie.

Hier sind einige der bekanntesten Traditionen:

♦ **Цветы́:** Man verschenkt nur eine ungerade Anzahl an Blumen, denn die gerade Anzahl ist für Beerdigungen reserviert.

♦ **Посиде́ть на доро́жку:** Vor einer längeren Reise setzen sich Reisende und Verabschiedende kurz still zusammen. Man glaubte früher, dass der **домово́й**, der Hausgeist, dabei Ratschläge geben würde.

♦ **Свисте́ть:** Man pfeift nicht im Haus, denn sonst pfeift man sein Geld „weg".

♦ **Стуча́ть по де́реву:** Wie in Deutschland klopft man auch in Russland auf Holz, wenn man Unglück abwenden oder das Glück behalten möchte. Oft deutet man dabei mit den Worten **тфу-тфу-тфу** ein Spucken über die linke Schulter an.

♦ **Счастли́вый биле́т :** Glück bringende Fahrkarten haben Zahlen, bei denen die erste Hälfte der Ziffernfolge dieselbe Nummer ergibt wie die zweite (besonders viel Glück soll der Verzehr dieser Fahrkarten bringen).

Wenn Sie sich für das Thema interessieren, besuchen Sie doch bei Ihrer nächsten Russlandreise das **Музе́й ру́сских суеве́рий** in Kaliningrad.

Поздравляем!

Вы сда́ли экза́мен **Lextra** с отли́чием!

Свиде́тельство об оконча́нии ку́рса **Lextra**
по ру́сскому языку́ вы́дано

Й`мя: _____

Да́та рожде́ния: _____

Кра́ткий слова́рь путеше́ственника
Kleines Reisewörterbuch

Nützliche Ausdrücke Поле́зные выраже́ния

Hallo / Guten Tag.	Приве́т / До́брый день.
Entschuldigung / Tut mir leid.	Извини́те / мне жаль.
Ja / Nein	Да / Нет
Bitte / Danke	Пожа́луйста / Спаси́бо
Ich bin … / Wir sind …	Я … / Мы …
Können Sie / Kannst du mir helfen?	Вы не могли́ / ты не мог бы мне помо́чь?
Wo ist …?	Где …?
Reiseführer / Stadtplan	путеводи́тель / план го́рода
Ich verstehe (nicht).	Я (ничего́ не) понима́ю.
Bitte wiederholen Sie / wiederhole das.	Повтори́те / Повтори́, пожа́луйста.
Ich spreche nur ein bisschen Russisch.	Я то́лько немно́го говорю́ по-ру́сски.
Sprechen Sie …? / Sprichst du …?	Вы говори́те …? / Ты говори́шь …?
Deutsch	по-неме́цки
Wie geht es Ihnen/dir?	Как (у Вас / у тебя́) дела́?
Danke, es geht mir gut.	У меня́ всё в поря́дке, спаси́бо.
Einen Moment, bitte.	Мину́тку, пожа́луйста.

Auf Wiedersehen / Tschüss / Bis später.	До свида́ния / Пока́ / До ско́рого.
Eingang / Ausgang	вход / вы́ход

Im Notfall В э́кстренном слу́чае

Bitte rufen Sie einen Arzt / Krankenwagen.	Вы́зовите врача́ / ско́рую по́мощь.
Es ist ein Notfall.	Сро́чно нужна́ по́мощь. / Это э́кстренный слу́чай.
Es geht mir nicht gut. / Ich bin krank.	Мне нехорошо́. / Я заболе́л (-а).
Ich bin gegen … allergisch.	У меня́ аллерги́я на …
Mir ist übel.	Меня́ тошни́т.
Mir ist schwindelig.	У меня́ кру́жится голова́.
Mir tut / tun … weh.	У меня́ боли́т …
Sonnenstich, Sonnenbrand	со́лнечный уда́р / со́лнечный ожо́г
Durchfall	поно́с
Fieber / erhöhte Temperatur	горя́чка / высо́кая температу́ра
Medikament / Tablette	лека́рство / табле́тка
Schmerzmittel	обезбо́ливающее сре́дство
Antibiotikum	антибио́тик
Krankenversicherung / Krankenversicherungskarte	медици́нское страхова́ние / страхова́я ка́рточка (больни́чной ка́ссы)

Rezept	реце́пт
Apotheke	апте́ка
Erste Hilfe	пе́рвая неотло́жная по́мощь
Notrufnummern: – Feuerwehr – Polizei – Ambulanz – allgemeiner Notruf	Э́кстренный вы́зов: – пожа́рная охра́на (01) – мили́ция (02) – ско́рая по́мощь (03) – SOS (о́бщий) (112)

Am Flughafen В аэропорту́

Flugticket	авиабиле́т
Bordkarte	поса́дочный тало́н
einchecken	регистри́ровать(ся)
Reisepass / Ausweis	заграни́чный па́спорт / удостовере́ние ли́чности
Handgepäck	ручна́я кладь
Koffer	чемода́н
Sperrgepäck	громо́здкий бага́ж
Fenster- / Gangplatz	ме́сто у окна́ / ме́сто у прохо́да
Gehen Sie bitte zum Gate ...	Пожа́луйста, проходи́те к ге́йту …
Sicherheitskontrolle	предполётный контро́ль
Flüssigkeiten	жи́дкости
durchsichtiger, wieder- verschließbarer Plastikbeutel	прозра́чный пла́стиковый закрыва́ющийся паке́т

Passagier	пассажи́р
einsteigen	поса́дка
Ankunft / Landung	прибы́тие / поса́дка / приземле́ние
Abflug	вы́лет
Verspätung	опозда́ние
gestrichen	отменён (-a/-o)
Ankunfts- / Abflugzeit	вре́мя прибы́тия / вре́мя вы́лета
Gepäckausgabe	вы́дача багажа́

Mit dem Taxi На такси́

Können Sie mir bitte ein Taxi rufen?	Вы́зовите мне такси́, пожа́луйста.
Wohin?	Куда́?
Fahren Sie mich/uns bitte zum Hotel ... / in die ... Straße.	Отвези́те меня́ / нас, пожа́луйста, в гости́ницу ... / на у́лицу ... .
Was wird es ungefähr kosten?	Ско́лько э́то бу́дет приблизи́тельно сто́ить?
Sie können hier anhalten.	Мо́жете останови́ть здесь.

Mit öffentlichen Verkehrsmitteln
На обще́ственном тра́нспорте

Wie komme ich nach/zu ...?	Как добра́ться до …?
Wo muss ich umsteigen/ aussteigen?	Где мне на́до переса́живаться /выходи́ть?
Bushaltestelle	остано́вка авто́буса
Bahnhof	вокза́л
Linie	ли́ния
Zug	по́езд
Bus	авто́бус
Reisebus	тури́стический авто́бус
U-Bahn	метро́
Straßenbahn/Tram	трамва́й
Fahrkarte	биле́т
Fahrkartenautomat	автома́т для прода́жи проездны́х биле́тов
Tages-/Wochen-/Monatskarte	су́точный проездно́й биле́т / неде́льный проездно́й биле́т / ме́сячный проездно́й биле́т
außerhalb der Hauptverkehrszeit	вне часа пик
Fahrplan	расписа́ние движе́ния тра́нспорта

Mit dem Mietauto На арендо́ванной маши́не

Ich möchte ein Auto für …Tage mieten.	Я хочу́ арендова́ть маши́ну на … дней.
Wie viel kostet es pro Tag/Kilometer?	Ско́лько сто́ит маши́на в су́тки / за киломе́тр?
Führerschein	води́тельские права́
Vollkaskoversicherung	страхова́ние автомоби́ля от всех ри́сков
Haftpflichtversicherung	страхова́ние от отве́тственности за причине́ние вреда́
Benzin/Diesel	бензи́н / ди́зельное то́пливо
Tankstelle	запра́вочная ста́нция
Kindersitz	сиде́нье для ребёнка
Sicherheitsgurt	реме́нь безопа́сности

Im Restaurant В рестора́не

Speisekarte	меню́
Vorspeise/Hauptgericht/Nachtisch	заку́ска / гла́вное блю́до (пе́рвое и второ́е) / десе́рт
Ich hätte gern / Ich möchte …	Мне хоте́лось бы / Я хочу́ …
Gibt es ein vegetarisches Gericht?	У вас подаю́т вегетариа́нские блю́да?
Die Rechnung, bitte.	Счёт, пожа́луйста.